AF503039

CHATEAUX, DÉCORS DE L'HISTOIRE

G. LENOTRE

LE CHATEAU
DE
RAMBOUILLET

SIX SIÈCLES D'HISTOIRE

NOUVELLE COLLECTION
HISTORIQUE
CALMANN-LÉVY, Éditeurs

Le Château de Rambouillet

Six Siècles d'Histoire

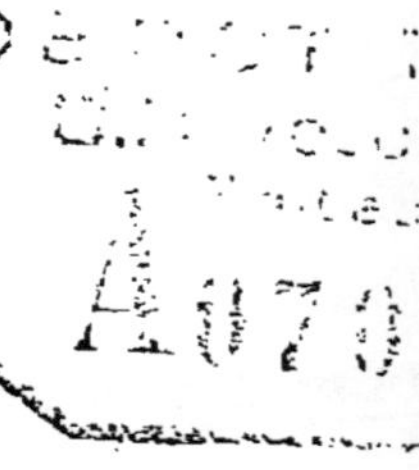

G. LENOTRE

Le Château de Rambouillet

Six Siècles d'Histoire

PARIS

CALMANN-LÉVY, Éditeurs

3, Rue Auber, 3

1930

A MONSIEUR LE PRÉSIDENT

GASTON DOUMERGUE

TRÈS RESPECTUEUX HOMMAGE

G. L.

LE
CHÂTEAU DE RAMBOUILLET
SIX SIÈCLES D'HISTOIRE

I

VIEUX MURS, VIEILLES OMBRES

Origine et fondation du château. — Jean Bernier. — Regnault d'Angennes.
— Séjour et mort de François Ier. — Nicolas d'Angennes. — La Ligue.

Pour qui l'aperçoit de la grande route de Chartres, à travers les sapins du Saut-de-loup, au bout d'une longue perspective de verdures majestueuses et d'eaux tranquilles, le château de Rambouillet emprunte à ce décor une élégance vraiment seigneuriale; si on s'en rapproche, on est quelque peu déçu : il n'a ni la splendeur de Versailles, ni la grâce de Chantilly, ni le pittoresque grandiose de Fontainebleau, ni la noblesse de Compiègne, ni l'affolante originalité de Chambord. C'est, de près, une honnête maison, sans prétention à aucun style, et qui déroute à la fois par l'extrême simplicité de sa construction et l'inexplicable bizarrerie de son plan. On peut en faire le tour sans s'aviser que le bâtiment affecte une forme triangulaire, et, si on se contente d'un regard à la cour d'honneur, on s'étonne que ses deux façades en équerre, de lignes si froides et d'aspect si moderne, se butent à une formidable tour crénelée, vieille de six cents ans, écrasant de sa masse imposante la piteuse architecture qui s'accole à ses pierres vénérables.

Si, pour le passant, le château de Rambouillet semble manquer d'intérêt, c'est que ses murs actuels recouvrent une antique demeure féodale, modifiée au cours des âges, agrandie, défigurée, transformée, rafistolée de cent façons, mais qui n'en est pas moins le socle permanent de l'édifice actuel. Il y avait là, au VIIIe siècle, sinon un manoir, tout au moins un « hébergement » qui, situé au cœur des grands bois, tirait son appellation d'un mince ruisseau, le *Rambe* ou *Rambeuil;* les immenses forêts qui l'enserraient et dont ·Pépin le Bref avait gratifié l'abbaye de Saint-Denis, abondaient en fauves et en gibier de tous genres; Charlemagne, en confirmant la donation faite par son père, ordonnait que les moines se nourrissent de la chair des bêtes sauvages et fissent usage de la peau des cerfs et chevreuils pour relier les livres de leur monastère. Avant l'an mille, ces forêts rentrèrent dans le domaine royal et, durant trois siècles, on les défricha activement, opération dont prospéra le village de Rambouillet qui, au XIIIe siècle, comptait déjà 150 paroissiens, tous, probablement, bûcherons, fagoteurs ou sabotiers.

L'endroit séduisit un grand bourgeois parisien, Jean Bernier, qui, pour 700 livres tournois, se rendit acquéreur du manoir. Jean Bernier était un personnage :

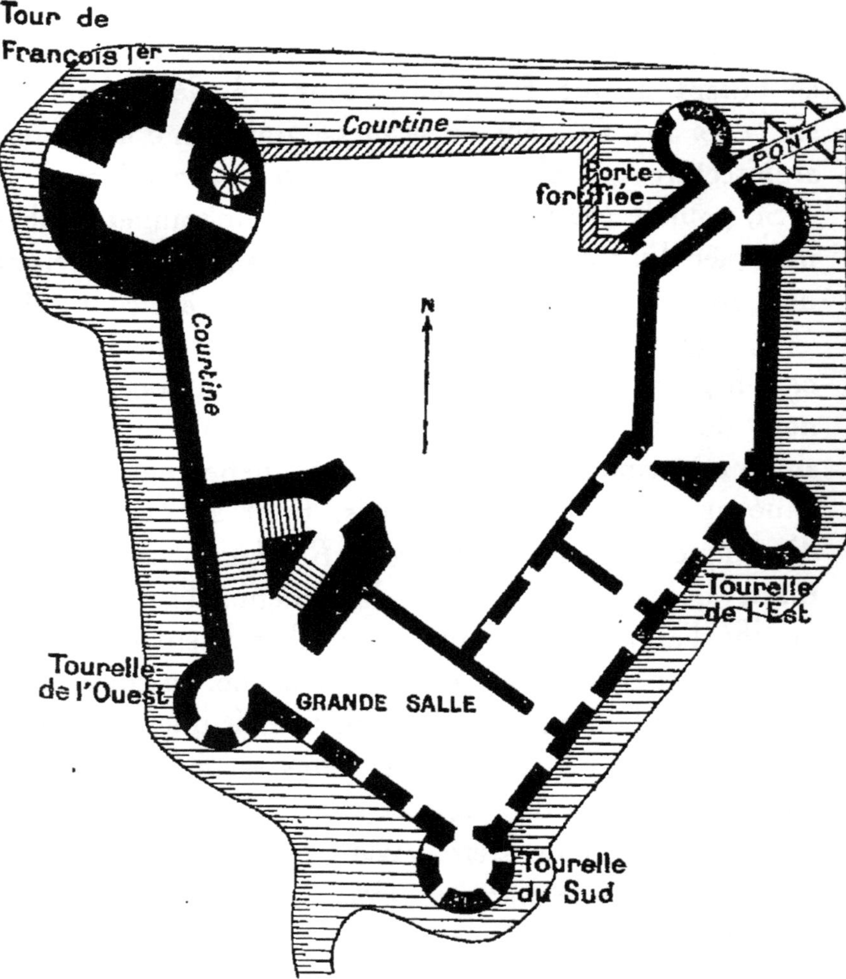

Le Château féodal de Rambouillet depuis sa construction
(XIVe siècle) jusqu'en 1705.

prévôt de Paris depuis six ans, — « le premier après le Roi et ces messieurs du Parlement », — il venait de quitter ces fonctions et souhaitait vraisemblablement se retirer à la campagne ; peut-être aussi cette résidence lui était-elle imposée par le nouvel emploi que venait de lui octroyer le roi Charles V, dont il était fort estimé et qui le nomma, vers cette époque, souverain informateur des Eaux et Forêts du royaume. Jean Bernier résolut de s'établir à Rambouillet et s'y bâtit une habitation au goût du jour, c'est-à-dire un château fort. En six ans l'œuvre fut terminée : c'était un corps de logis formant bastion vers le sud, garni d'une tourelle ronde à chacun de ses angles et dont les épaisses murailles de briques et de meulières n'étaient percées que d'étroites ouvertures. Du côté de l'est, une aile s'étendait jusqu'à une porte fortifiée donnant accès à la cour du château que défendait, à l'ouest, une grosse tour isolée et reliée par une courtine au bâtiment principal. Un fossé d'eau, drainée des marais voisins, entourait toutes ces constructions ; leur ensemble couvrait un arpent de terrain, — en mesures modernes un demi-hectare. — C'est la superficie exacte du château actuel qui, en dépit de ses avatars successifs, a gardé jusqu'à nos jours la configuration de la forteresse dont il n'est, en quelque sorte, que la gaine. En voilà expliqués ce contour bastionné que rien, en apparence, ne justifie plus et ce lourd donjon dont la fière structure semble un affront aux piètres bâtiments qui l'étreignent.

Le château de Rambouillet était né et on eût bien étonné Jean Bernier en lui prédisant que son petit castel perdu dans les bois aura l'honneur d'héberger, presque

sans aucune exception, tous ceux qui, dans le plus lointain avenir, seront les maîtres de la France. Les pierres
comme les êtres auraient-elles leur destin? A peine
terminé, Rambouillet reçoit la visite d'un roi, — le
premier. C'est Charles VI; il a quatorze ans. Jean Bernier a fait partie du conseil de régence institué en vertu
du testament de Charles V, pour gouverner le royaume
jusqu'à la majorité du jeune prince, et celui-ci sous la
conduite de son oncle, le duc Philippe de Bourgogne,
vient, par déférence, saluer le fidèle serviteur de son
père. On est au 9 avril 1383; le petit roi et le duc dînent
au château : c'est alors une demeure mal disposée pour
la réception : certes il y a, pour les gens de suite et les
hôtes sans importance, des logements dans les tourelles
et dans l'aile de la porte fortifiée; mais l'appartement
d'honneur, où conduit un large escalier, ne comporte
que trois belles pièces dont l'une, très vaste, est la grande
salle qu'éclairent trois fenêtres en ogive. Et c'est le seul
détail qu'il est permis de retenir, à défaut d'une description plus complète; mais on peut, sans trop d'erreur,
imaginer d'après les logis de la même époque encore
subsistants, que celui de Jean Bernier manque de confortable et d'agrément : murs nus, portes basses, plafonds
à poutres enfumées, larges cheminées où brûlent des
troncs d'arbre, toute la sévérité d'une forteresse plus
faite pour abriter des hommes d'armes que pour s'y
gaudir en compagnie frivole.

Un an après la visite de Charles VI, Jean Bernier
était mort; son fils, Guillaume, auquel, selon toute apparence, déplaisait ce rébarbatif et sylvestre séjour, chercha
sans tarder à s'en défaire et trouva amateur en la personne

de Regnault d'Angennes, premier valet tranchant et chambellan du Roi; il offrit, en échange de Rambouillet, mille francs en or et une maison qu'il possédait près de Rueil, dans le Parisis. Le marché fut conclu; originaire du village d'Angennes, aux environs de Dreux — (aujourd'hui commune de Crucey, dans le canton de Brézolles-en-Thimerais), — le nouveau propriétaire arrondit rapidement son domaine : il réunit à la terre de Rambouillet les fiefs de Grenonvilliers, de Montorgueil et de La Villeneuve, bien que ses charges à la Cour le retinssent la majeure partie du temps au Louvre. Il décéda en 1416 et ses héritiers, Jean Ier et Jean II d'Angennes, connurent de mauvais jours : trois fois le château fut pris, pillé et brûlé par les Anglais dont les exactions portaient l'épouvante dans tout le pays. Ce fut un temps de terreur; les gens fuyaient devant les envahisseurs, se cachaient dans les bois, enfouissaient ce qu'ils avaient de plus précieux. En 1845, dans un terrain de Groussay, qui est actuellement un faubourg de Rambouillet, on découvrit une trentaine de pièces d'or, toutes du temps de Charles VI, sauf une seule marquée au coin d'Henri IV d'Angleterre; elles étaient dans la terre depuis plus de 400 ans, déposées là par quelque fuyard qui avait mis en sûreté son trésor et qui n'est jamais revenu. On se prend de respect pour la robuste Tour du château qui a survécu à ces temps tragiques et au pied de laquelle, en 1429, passèrent à la débandade les soldats de Bedford, mis en déroute et pourchassés par la vierge victorieuse qui délivra la France de l'oppression étrangère. Que notre Histoire est belle et avec quelle piété nous devrions protéger contre l'injure des siècles et l'acharnement des démolisseurs les vieilles pierres qui nous la racontent !

Au temps de Jacques d'Angennes qui posséda Rambouillet depuis 1514 jusqu'en 1562, le château entra dans l'Histoire : d'abord il reçut la visite de Rabelais, et le souvenir du père de Gargantua est resté attaché à certains rochers en forme de marmites qu'on montre encore de nos jours dans l'une des îles du parc. Un événement plus retentissant propagea dans le monde entier le nom du petit castel des d'Angennes : le roi François Ier qui, depuis quelques jours, chassait dans le pays, arriva à Rambouillet, venant de Rochefort-en-Yvelines et se dirigeant vers Saint-Germain, le 27 février 1547. Son état maladif depuis plusieurs années s'aggrava subitement et le Roi s'arrêta chez Jacques d'Angennes afin d'y prendre quelque repos. De quelle suite était-il accompagné ? On est assuré de la présence du Dauphin, le futur Henri II, et de sa femme Catherine de Médicis, « qui faisait l'éplorée et la dolente ». La grande maréchale, Diane de Poitiers, se montrait « toute gaie et toute joyeuse », car le prince dont elle était aimée allait être roi ; quant au comte d'Aumale, le futur duc de Guise, il ne quittait guère la chambre de la Dauphine où il se promenait fiévreusement ; « de temps à autre, il allait à la porte afin de savoir des nouvelles » et, quand il revenait : « Il s'en va, le galant... » disait-il. Tandis que fermentaient ces ambitions, le Roi, sachant qu'il allait mourir, recommandait à son fils de diminuer les impôts qui pesaient sur le peuple et de toujours éloigner du pouvoir ces Guises dont il redoutait pour ses successeurs les insatiables prétentions.

Au vrai, toute la Cour était là, car de si importants personnages ne se déplacent pas sans amener leur « maison », leurs courtisans et leurs parasites habituels, pressés, eux aussi, de ne point manquer le moment d'adorer le soleil levant. Et c'est peut-être en raison de l'affluence dont regorgeait l'exiguë et incommode demeure de Jacques d'Angennes qu'on logea le Roi dans la grosse Tour isolée à l'angle nord-ouest de l'enceinte. Il mourut là, s'il faut en croire une indéracinable tradition. Pourtant les archéologues locaux ne s'accordent pas sur ce point : plusieurs estiment qu'il eût été inconvenant de reléguer le Roi en un réduit si rebutant, et, de fait, les aménagements actuels de la Tour, divisée en locaux de service, semblent appuyer cette hypothèse; en outre, certains récits des derniers jours de François Ier mentionnent *une chambre voisine* de celle où le Roi agonisait; or, il est vraisemblable que la Tour, comme la plupart de ses similaires, ne comportait qu'une pièce à chaque étage : c'est donc qu'on avait logé le malade dans une autre partie du château. — L'opinion adverse s'étaie d'arguments non moins sérieux : le plus frappant est la conservation de cette Tour; si tous les châtelains de Rambouillet respectèrent cette bâtisse démodée et encombrante, c'est parce qu'elle avait été le théâtre d'un événement mémorable. Le bibliothécaire du château écrivait, au temps de Charles X, que les médecins ayant déclaré pestilentielle la maladie de François Ier, on transporta le mourant dans « une chambre modeste isolée du reste du château », et il ajoutait : « Par respect pour la mémoire de ce monarque, on l'a toujours maintenue depuis lors dans l'état où elle se trouvait à sa mort et on y a conservé jusqu'au petit carrelage en usage dans ce temps... »

François Ier était mort le 31 mars à une heure de l'après-midi; le lendemain, les chirurgiens ouvraient son corps qui, renfermé dans un coffre de plomb, prit en grande pompe le chemin de Saint-Denis. On alla, le premier jour, jusqu'au prieuré royal des Hautes-Bruyères, situé à deux lieues et demie de Rambouillet; le nouveau roi Henri II suivit jusque-là le cercueil de son père qui fut déposé dans l'église du monastère et y séjourna durant quelques jours. Puis le cortège funèbre se remit en route vers la nécropole royale, laissant le cœur du monarque défunt à Hautes-Bruyères, où on l'inhuma sous un pilier de marbre; il y demeura jusqu'en 1793; à cette époque il disparut, sans doute en même temps que l'église qui l'abritait et dont il ne reste plus rien que la façade : c'est aujourd'hui, dans une vaste cour de ferme, une pittoresque construction que surmonte une élégante tourelle juchée en encorbellement à la pointe d'un pignon délabré.

L'événement, en faisant de Rambouillet un lieu historique, ajoutait au renom et à l'importance de son propriétaire; honoré de l'amitié du feu roi et de la confiance du roi régnant, Jacques d'Angennes, dans l'expectative de nouveaux visiteurs de marque, résolut de moderniser quelque peu son château, insuffisamment logeable dans sa rusticité féodale, et il fit appel à un architecte local, Olivier Ymbert, du bourg de Saint-Léger, au cœur de la forêt. Ymbert, expert en son art, sans rien changer à la silhouette du château, réussit à créer, sous la grande salle du premier étage, dans un rez-de-chaussée presque aussi bas qu'un simple sous-sol, une vaste galerie d'allure monumentale qu'il revêtit de placages de marbres rouges et gris, dans le goût le plus nouveau. Trois profondes fenêtres percées dans les formidables murailles de Jean Bernier éclairaient cette salle qui, depuis 1556, date de sa construction, n'a pas été modifiée et subsiste encore, bien étonnée, sans doute, du singulier mobilier dont on l'a encombrée de nos jours; l'affligeant anachronisme de ce billard et de ces tables de jeu entrave un peu l'essor de l'imagination qui, dans ce décor intact depuis trois siècles, se plairait à évoquer bien des ombres : c'est dans cette salle que Jacques d'Angennes reçut, en octobre 1559, le jeune François II récemment couronné et sa femme Marie Stuart. Lui a seize ans, elle dix-sept. Ils sont mariés depuis quelques mois; ils s'adorent. La robe de la charmante reine, — la plus délicieuse femme de son temps, au dire unanime des contemporains, — a frôlé ces panneaux de marbre; ses beaux yeux ont promené leurs regards sur cette somptueuse décoration, aujourd'hui vermiculée par les ans, mais alors dans toute sa fraîcheur... Un an plus tard, François II sera mort et la petite veuve de dix-huit ans retournera dans son royaume d'Écosse, allant vers le tragique destin qui lui vaudra l'indulgence et la dévotion de la postérité. Qui sait si, en écrivant ses touchants adieux au « plaisant pays de France », elle ne donnait pas un souvenir à son passage à Rambouillet, l'un de ses trop rares jours heureux?

En décembre 1562, autre roi, autre scène. Ce jour-là, dans cette salle de marbre, à la table de Jacques II d'Angennes, succédant à son père mort récemment, ont pris place la reine mère régente Catherine de Médicis et son fils le petit roi Charles IX, alors âgé de onze ans. Le sire de Brantôme est au nombre des convives ; il a laissé un récit du drame : car une grande bataille est engagée entre catholiques et protestants, à huit lieues de Rambouillet, au delà de la forêt, non loin de Dreux. On attend des nouvelles. La Régente, l'intrigante italienne, est toujours belle à quarante-trois ans, majestueuse, superbement vêtue à son habitude, parlant gras et riant fort ; ses convictions ne la gênent pas ; son ambition seule la guide : elle favorisera le parti vainqueur. Les nouvelles arrivent : elles sont désastreuses pour les catholiques ; le connétable de Montmorency et le duc de Guise, qui les commandent, reculent sous l'effort des reîtres huguenots, entraînés par Coligny et par Louis de Condé : « Eh bien ! dit Catherine, d'avance résignée à la défaite des troupes royales, eh bien ! nous entendrons la messe en français ! » Mais vers le soir, tôt en décembre, un grand tumulte s'élève dans la cour du château ; la porte de la salle s'ouvre ; le duc de Guise paraît, exultant : il est vainqueur ! Une masse d'officiers, tout chauds de la bataille, le suivent. Il salue profondément le Roi et la Régente et entame la relation de la sanglante journée : huit mille morts ; Condé prisonnier ; les réformés en déroute. Il raconte bien ; « vous eussiez cru qu'on y était », relate Brantôme. Devant le petit roi, Guise trace sur le parquet l'ordonnance du combat et présente ses braves capitaines. La Régente, triomphante, l'entraîne dans son cabinet et lui confie la lieutenance générale du royaume : son parti est pris ; puisqu'ils sont en déroute, guerre sans merci aux protestants. La Ligue était née ; de trente ans le pays ne connaîtra plus le repos et, un soir de mai 1588, le château de Rambouillet verra, au cours de ces désordres, arriver, à la tombée du jour, le roi Henri III, fuyant l'émeute parisienne. Ses conseillers l'avaient pressé de quitter la capitale hérissée de barricades, et le Roi, suivi jusqu'à Trappes par quelques seigneurs, prit les devants et gagna, d'une traite, Rambouillet où il se coucha tout botté; le châtelain était alors Nicolas d'Angennes, frère de feu Jacques II, décédé en 1568.

Henri III ne fit que passer : au matin il poursuivit sa route, tout courant, et gagna Chartres où il fut avant midi. Dix ans plus tard, Henri IV faisait, à son tour, visite à Nicolas d'Angennes, personnage d'importance qui, naguère vice-roi de Pologne, homme de guerre et diplomate avisé, portait, depuis 1580, le cordon bleu de l'ordre du Saint-Esprit. Les d'Angennes avaient fait du chemin depuis le jour lointain de 1384 où leur ancêtre Regnault acquérait le petit manoir construit par Jean Bernier et, sans doute, ce manoir même n'était-il pas étranger à leur fortune : admirablement situé au cœur des forêts qui prolongeaient les bois des environs de Paris; bâti en bordure du grand chemin qui menait vers la Touraine, la Guyenne et la Gascogne, il était l'étape obligée entre ces riches provinces et la capitale : c'est ainsi qu'il reçut tant d'hôtes marquants; qu'il connut le très rare privilège d'héberger tous les rois qui, depuis François Ier, se succédèrent sur le trône de France. Le bourg de Rambouillet profitait, lui aussi, des avantages accordés à ses seigneurs : les paysans et les colporteurs qui, de nos jours, au samedi de chaque semaine, dressent leurs tentes ou déploient leurs grands parapluies sur la place de la ville, ne se doutent pas, probablement, qu'ils sont redevables de cette concession à Henri IV ; c'est lui qui, confirmant par lettres patentes un usage immémorial, sanctionna officiellement ce marché hebdomadaire. Si, à l'autre extrémité de la ville, au jour de saint Lubin, patron de la paroisse, s'installent des tirs et des chevaux de bois, c'est encore le Béarnais que les habitants doivent remercier de ces bruyantes réjouissances. Quand il fut frappé, en 1610, par le couteau du fanatique Ravaillac, Nicolas d'Angennes vivait encore : il décéda octogénaire l'année suivante, laissant son nom et sa famille à leur apogée : ils allaient jeter un dernier éclat avant de disparaître de l'Histoire, et — comme si, par une mystérieuse magie, leur prospérité était liée au château qu'ils possédèrent durant trois cents ans — elle s'éclipsa et disparut dès qu'ils eurent délaissé ce fétiche.

II

LES PRÉC'EUSES

Charles d'Angennes. — L'Hôtel de Rambouillet. — La « lionne » et ses amoureux. — Arthénice. — Les beaux esprits. — Julie d'Angennes et son soupirant Montausier-Alceste. — Fleuriau d'Armenonville. — Création du parc.

Charles d'Angennes, à la mort de son père Nicolas, se trouva gratifié de titres et d'emplois considérables. La terre de Rambouillet fut pour lui érigée en marquisat, « eu égard aux signalés et recommandables services que ceux de sa famille, l'une des plus anciennes du royaume, ont rendus aux rois nos prédécesseurs et à nous... en une infinité d'occasions où ils ont été employés ». Ainsi sont libellées les lettres patentes qui consacrent cette suprême faveur. Charles d'Angennes était en outre vidame du Mans, conseiller d'État, maître de la garde-robe du Roi, deux fois ambassadeur en Espagne, colonel général de l'infanterie italienne, capitaine des cent gentilshommes de la Maison royale et commandant des oiseaux de la chambre de Sa Majesté Louis XIII. Il avait épousé, vers l'an 1600, Catherine de Vivonne-Savella, italienne de naissance et gratifiée d'un titre princier. Deux garçons et cinq filles naquirent de cette union.

A ce début du XVIIe siècle, le château de Rambouillet n'avait rien perdu de son aspect féodal; peut-être la Tour de François Ier était-elle cependant réunie déjà au bâtiment principal par une construction élevée sur l'ancienne courtine et comportant quelques logements; car le château proprement dit se réduisait, comme à l'époque gothique, à la grande salle et à deux chambres de maître, sans compter, bien entendu, des recoins et des galetas où logeait « la valetaille ». Par contre, les abords de l'habitation avaient été transformés : l'aïeul, Jacques d'Angennes, avait taillé dans les bois un parc de mille arpents (500 hectares), clos de murs; un grand portail s'ouvrait, du côté du bourg, face à l'église paroissiale aujourd'hui détruite et dont on devine encore le contour dans l'angle nord de la place de la Mairie, là où s'étalent, sous les platanes, les tables et les chaises d'une hôtellerie récente. Si l'on mentionne aussi une basse-cour, une ferme avec colombier, des écuries, une bergerie, des étables, un grand étang, on pourra se figurer, approximativement, ce qu'était le domaine vers le milieu du règne de Louis XIII.

Il arriva que, le 7 novembre 1624, le Roi, qui se trouvait à Dourdan, partit sous la pluie et fut courre le cerf dans la forêt d'Yveline; la chasse dura tout le jour et, quand la nuit vint, le Roi, égaré dans les bois, ne savait plus où tourner. Il résolut « d'aller tout droit pour pousser à l'aventure ». Il arriva ainsi à Rambouillet,

« tout mouillé, environ vers les huit heures du soir », et coucha dans une auberge. Le lendemain, dès l'aube, il remontait à cheval et regagnait Versailles où il rentra vers dix heures.

Si Louis XIII, dans cet embarras, ne réclama point, comme c'eût été le cas, l'hospitalité de son grand-maître de la garde-robe, c'est que les d'Angennes avaient abandonné leur château : la belle marquise de Rambouillet et son mari s'étaient fixés à Paris et y avaient élevé, entre le Louvre et les Tuileries, un hôtel dans le dernier genre et qui faisait sensation. Bâtie en brique et pierre, assez simple à l'extérieur, cette somptueuse demeure, à qui en franchit le seuil, apparaît comme un palais des *Mille et une nuits*. Le grand salon est tendu en cuir doré; de merveilleux tapis de Turquie recouvrent le parquet; une chapelle, ornée de dentelles d'or et encombrée de pièces d'argenterie magnifiques, fait face à une cheminée monumentale; aux murs sont les portraits des trois rois défunts, et l'admiration redouble quand on pénètre dans la *Chambre bleue*, déjà fameuse avec sa tapisserie de brocatelle azur sur fond d'or, ses consoles et ses buffets émaillés, chargés de porcelaines chinoises et de bronzes précieux. Et partout des fleurs fraîches dans des urnes de cristal, des meubles couverts de point de Hongrie, des miroirs encadrés d'ébène, des coffres de cuir ramagés d'or, et encore, et surtout, à demi étendue sur un lit de repos, que surmonte un dais de gaze et qu'éclaire un immense candélabre à quinze bras, la déesse du lieu, la marquise de Rambouillet; parmi les satins de Bruges brochés d'or, elle reçoit ses visiteurs, tend la main aux baisers, dit un mot, salue d'un sourire, et trône au milieu d'un cercle d'adorateurs béats, juchés sur des escabeaux de velours cramoisi frangé d'or.

Elle tient dans la perfection son rôle d'idole; aussi accueillante que majestueuse, elle est encore belle malgré la quarantaine; au moindre mouvement de sa tête, les pierreries qui constellent sa blonde chevelure étincellent, mais moins encore que ses yeux, pétillants d'esprit dans l'ovale charmant de son visage. Assise à ses côtés, se tient sa fille aînée, Julie d'Angennes : elle a dix-huit ans; l'éventail déployé cache sa gorge et ses jeunes épaules découvertes; elle est brune, jolie aussi, en dépit d'un nez un peu lourd que rachètent une bouche délicieuse et des yeux rivalisant d'éclat et d'intelligence avec ceux de sa mère.

Le marquis, époux et père de ces deux divinités, est moins avantagé : grand, droit et sec comme tous les aînés des d'Angennes, — auxquels ces particularités héréditaires ont valu, depuis plusieurs générations, le sobriquet de *sapins de Rambouillet*, — le marquis est de mine vulgaire : d'épais sourcils ombragent ses yeux ternes; il a le nez busqué, de grosses lèvres, le front bombé et le menton pointu, au total l'air d'être son propre intendant. Sa démarche, volontairement hésitante, dissimule une demi-cécité; pourtant il reste affable, suprêmement courtois, mais un peu fermé, comme il convient à un diplomate qui a travaillé avec le grand Sully et détient les secrets de l'État.

Tout le monde allait chez les Rambouillet, grands seigneurs et poètes crottés; on y vit Buckingham et Mazarin; mais, il faut bien le dire, si la divine marquise n'avait reçu que des ministres et des gens titrés, sa maison ne se fût pas distinguée de tant d'autres. Le renom de l'hôtel de Rambouillet est immortel, uniquement parce que les gens de lettres y fréquentèrent, et ceci fait grand honneur à la corporation. La marquise était une femme savante, parlant plusieurs langues, lisant Virgile dans le texte latin et très sincèrement éprise de petits vers, de madrigaux, sonnets, épigrammes, vaudevilles, impromptus et autres productions que ne lui marchandaient pas les nourrissons des Muses, trop heureux de payer par quelques bouts-rimés l'agrément d'un bon dîner et la compagnie de jolies femmes. On en trouvait là d'adorables : outre la vertueuse marquise et sa chaste fille Julie dont il était d'obligation de se prétendre amoureux, l'étoile, la « lionne » de l'hôtel était Angélique Paulet qui, elle, ne passait pas pour invincible : nul n'ignorait que, dès 1609, alors très jeune fille, elle s'était montrée dans un ballet de la Cour, en déesse marine, montée sur un dauphin de carton et vêtue seulement d'un peplum de simple gaze. Ce travestissement sommaire avait embrasé, en dépit de ses cinquante-cinq ans, l'inflammable Henri IV qui, tout-puissant sur les cœurs, triompha des pudeurs de la demoiselle dont ce fut là, disait-on, la première mais non l'unique aventure. Une dame charitable l'avait recueillie et convertie pour toujours à la vertu; mais cet attrait de plus ne la rendait que davantage désirable; éblouissante de beauté, elle était encore, pour la damnation de ses soupirants, douée d'une voix si juste et si puissante que les plus aguerris en étaient secoués.

Telle était la Minerve dont la marquise de Rambouillet avait enrichi son Olympe : on n'y parlait que de vers et d'amour; on n'y dissertait que de l'art de bien dire et de « peindre éloquemment sa flamme ». On y roulait des yeux mourants, on y poussait des soupirs à fendre des chênes et, comme il fallait bien parer de littérature cette afféterie, on avait baptisé de surnoms galants ces « trop aimables tigresses » pour lesquelles on expirait d'adoration. Julie d'Angennes était *la Princesse;* Angélique Paulet était, on l'a dit, *la lionne,* celle qui dévorait ses victimes. Quant à la marquise, comme elle se prénommait Catherine, il avait fallu transformer cette appellation un peu bourgeoise en une désignation plus mythologique : ses adulateurs suèrent sang et eau pour forger l'anagramme : l'un trouva *Carinthée,* un autre *Éracinthe;* le vieux Malherbe et Racan en collaboration proposèrent *Arthénice* qui fut adopté avec enthousiasme.

Singulier monde. Dans ses études sur Tallemant des Réaux et sur Vincent Voiture, M. Émile Magne en a tracé de bien pittoresques portraits : Ménage, Vaugelas, Balzac, Voiture étaient des assidus; mais il y avait aussi des originaux dont les noms furent célèbres dans ce cercle de beaux esprits et qu'on ne connaît guère que par les coups de bec de Boileau : l'abbé de Croisilles qui, dès qu'on s'approche de lui, pâlit, frissonne et se met en défense tant il a peur qu'on le chatouille, supplice qui lui est particulièrement redoutable et dont il sait qu'il doit mourir; — d'Aumont qui se cogne à tous les meubles et juge le corps humain mal fait : « Nous avons, dit-il, des os à tous les endroits sur lesquels nous tombons d'ordinaire; il faudrait que nous eussions des ballons de chair aux genoux, aux coudes et aux quatre côtés de la tête ! » — Vauquelin des Yvetots, si entiché de mythologie, qu'il se promène, habillé tantôt en satyre, tantôt en berger et tantôt en dieu de l'Olympe; il habite, au Pré-aux-Clercs, une maison solitaire où l'on ne parvient que par une allée souterraine; — Racan, ex-maréchal de camp devenu poète pastoral et chantre des *bergeries;* c'est un incorrigible distrait « qui accumule les balour-dises quand il ne bégaie pas des phrases où nul n'arrive à démêler un mot »; — Chapelain, petit, maigre, exsangue, crachotant sans cesse dans un mouchoir crasseux, « coiffé d'une perruque où la teigne semble champi-gnenner », vêtu de guenilles, chaussé de savates éculées et « répandant une odeur de chien malpropre »; — Valentin Conrart qui rime rarement et que, pour cette cause, la belle Julie dédaigne quelque peu; mais il se fait accepter en multipliant hyperboles et révérences.

Les domestiques de cette étrange maison sont aussi remarquables que les habitués de la Chambre bleue : beaucoup sont italiens, baragouinant à peine le français, mais qui s'évertuent à imiter le langage quintessencié des beaux esprits et des précieuses : il y a la Fascarini, qui est la femme de chambre de la marquise; — le secré-taire du marquis, Aldinary, qui, pris par contagion du démon de la poésie, écrit des vers « lamentables »; — l'écuyer Silési ne sort jamais sans un énorme marteau à l'aide duquel il écrase les puces qui le démangent. Les Français de l'office ne sont pas moins originaux : l'argentier, Claude Girard, ne connaît pas de plus grand plaisir que d'aller voir pendre ou rouer les malfaiteurs à la Grève; il deviendra par la suite concierge du château de Rambouillet; — un ancien capucin, Dubois, ex-concierge de l'hôtel de Bourgogne, est le brodeur attitré dè l'hôtel; — le sommelier Aubry est entiché de loteries et en ouvrira une à son compte; — et l'homme de confiance, Neufgermain, grand efflanqué, tout de noir vêtu et pourvu d'une barbe de fleuve, professe pour la poésie une passion sans frein et invente un genre littéraire : c'est l'ancêtre du *dadaïsme*; voici l'une de ses œuvres dédiée à Julie d'Angennes :

> Entre les dieux doit tenir RAN,
> Proche Jupin, au plus haut BOU,
> Plus belle que rose et qu'ŒILLET,
> La divine de RAMBOUILLET.

C'est, on le voit, un composé de la charade, de l'énigme, du rébus, de l'acrostiche et du calembour. Neufgermain publia ses œuvres mais ne fit point école.

Si amusant soit-il d'entendre des vers, de recevoir hommages, déclarations et compliments, ou même de tuer le temps en apostrophant par la fenêtre les passants de la rue, on s'ennuie quelquefois à l'hôtel de Rambouillet. Or, contrairement à l'opinion répandue, on n'y veut ni gravité ni pédanterie : la marquise Arthénice aime à rire; Julie serait peut-être plus mijaurée; mais, lorsqu'elle est débridée, elle prend gaîment sa part des folies de son entourage. Un jour toute la bande joyeuse part pour Rambouillet : ce n'est pas qu'on apprécie la campagne, mais on aime le changement. Voiture est de la partie, bien que, en sa qualité de perpétuel enrhumé, il redoute le grand air. Depuis longtemps le château n'a pas été habité; il contient encore de beaux meubles et de précieuses et anciennes tapisseries, mais l'abandon prête à la vieille demeure une empreinte de délabrement.

Voiture est logé dans la Tour de François Ier; sa chambre est superbe, tendue d'une tapisserie où sont figurés des parterres de roses et les scènes d'un baptême; les rideaux et les meubles sont de satin cramoisi, fané par les ans; l'ensemble n'est pas très réjouissant. Dans les autres pièces, il y a des lits à colonnes avec pentes de vieux damas, d'antiques tapis de Perse, des coffres superbes, quoique démodés; mais on vient là pour se distraire et chacun y met du sien. A l'un des voyages, les jeunes filles, légèrement costumées en nymphes de Diane, vont siéger au bout de la prairie sur les rochés de Rabelais; comme il ne manque pas de poètes dans la troupe que traînent Arthénice et Julie, l'un d'eux consacre à ces rochers des vers à échos :

> Mon cœur jamais parjure
> > jure
> De t'adorer jusqu'au tombeau.
> Pour toujours je m'attache;
> > tâche
> Que le tien forme aussi l'écho...

Une autre fois, comme l'adorable Angélique Paulet annonçait son arrivée, on groupa sur le pont-levis les plus jolies personnes du village, parées de leurs plus beaux atours, et, quand la charmante visiteuse parut, l'une des filles, ployant les genoux, lui présenta solennellement les clefs du château, tandis que les deux bombardes rouillées placées au sommet du donjon, saluaient d'une salve, ainsi que pour une souveraine, l'entrée de la « lionne ». Certain jour, on installa un théâtre et on joua une tragédie, *les Amours de Pyrame et Thisbé*, de

Théophile de Viau. Julie d'Angennes remplissait le rôle masculin de Pyrame et débita avec un sentiment profond les chaudes déclarations du héros à sa belle. On représenta aussi la *Sophonisbe* de Mairet : pour réveiller un peu les spectateurs de cette œuvre sévère, Angélique Paulet chantait pendant les entr'actes.

On avait aussi d'autres passe-temps, plus folâtres, encore qu'ils ne fussent pas désopilants pour tout le monde et touchassent à la grosse farce. Il faut savoir que, de tout temps, les Rambolitains ont témoigné d'une prédilection atavique pour les champignons de leur forêt, — friandise exquise mais inquiétante; un soir, étant l'hôte d'Arthénice et de Julie, le comte de Guiche absorba un plat entier de ce délicieux comestible et alla se coucher sur cette prouesse. Les plus folles de la bande parvinrent, sans le réveiller, à retirer de sa chambre tous ses vêtements et passèrent la nuit à rétrécir pourpoints, vestes, cols, hauts-de-chausses et justaucorps. Ce travail terminé, on remit les habillements en place et, au matin, on vint en troupe réveiller le dormeur : il y avait messe à l'église du village, il fallait y assister. Il sort de son lit, passe son pourpoint et n'arrive pas à le boutonner. Qu'est-ce à dire ? C'est bien celui qu'il portait la veille : il en essaie un autre, il les essaie tous; — même étroitesse; il devient songeur. Aurait-il enflé ? Et tout à coup, il se rappelle... Les champignons! On le réconforte, on le rassure, on l'enveloppe d'une robe de chambre, et il suit la compagnie à l'église, mais sans entrain. Au retour de l'office, il réclame un miroir et se trouve la mine défaite; sur quoi il se recouche, persuadé qu'il va trépasser et suppliant qu'on amène un médecin. La mystification tourne au tragique; quelqu'un y met fin en criant : « Des ciseaux! » Le malheureux s'imagine qu'on veut l'ouvrir pour le dégonfler et la perspective de cette chirurgie improvisée l'affole. Il comprend tout, en constatant que les ciseaux ne servent qu'à découdre ses vêtements : et tel était le genre de plaisanteries admises alors dans la société la plus raffinée.

La marquise elle-même se plaisait à ces jeux; et que n'eussent point fait ses familiers pour la satisfaire? Voiture se présente un jour chez elle, déguisé en cardinal; ou bien il se laisse tomber et crie qu'il s'est cassé la jambe. Un matin, toute la jeunesse de l'hôtel, affublée de costumes militaires, et montée sur des chevaux de louage, heurte à la porte de la maison de campagne qu'habite M. Arnaud d'Andilly, et, munie de billets de logement, exige d'être hébergée. D'Andilly, qui déteste les gens de guerre et redoute leur brutalité, proteste, ergote, se défend, quand, à toute bride, l'un des soudards fond sur lui, lance en avant... une lance de paille, heureusement pour le pauvre homme qui, néanmoins, se croit pourfendu et ne reprend ses sens qu'en reconnaissant parmi ses assaillants, la marquise de Rambouillet et toute sa cour d'écervelés. Parfois la farce est de ton plus galant, comme ce jour où, — sachant que Julie d'Angennes professe une grande admiration pour les exploits de Gustave-Adolphe, le roi de Suède, le héros du Nord, — Voiture embauche cinq ou six gaillards qu'il transforme en rutilants majordomes, les empile dans un magnifique carrosse et les envoie à l'hôtel de Rambouillet, porteurs d'une lettre par laquelle Sa Majesté Suédoise déclare sa flamme à la belle précieuse et met à ses pieds sa gloire

et sa couronne. Stupeur du marquis, de la marquise et
de leur fille quand ils voient s'arrêter devant leur porte
ce cortège de carnaval ; ils accueillent avec empressement
la flatteuse ambassade et comprennent, seulement en
lisant la lettre, qu'ils sont dupes d'une mascarade. Il
fallait en rire, Julie s'y résigna, certaine d'une revanche :
il arrivait même que ses représailles n'étaient ni spiri-
tuelles ni charitables : certain soir, comme son fidèle
sigisbée, toujours enrhumé, toussotait, éternuait et
parlait du nez encore plus qu'à l'ordinaire, la déesse,
agacée, lui déversa un grand pot d'eau froide sur
la tête.

Il fallait qu'elle fût ensorceleuse, cette Julie, pour que,
à son cénacle de turbulents adorateurs, consentît à se
mêler l'homme le plus posé, le plus sérieux, le plus austère
de France : il se nommait Charles de Sainte-Maure de
Montausier ; protestant convaincu, moins âgé de trois
ans que Julie, il s'était épris d'elle au premier regard et
devait considérer avec un certain mépris les godelureaux
qui s'érigeaient en thuriféraires, voire en adorateurs de
sa Dulcinée. Personnellement il était maussade, rude,
brutal même, de visage sévère, jamais déridé : — il semblait que « la colère fût son état normal » ; bref « un fagot
d'orties ». Son humeur noire devait être soumise à de
rudes épreuves parmi ce sanhédrin de pédants, de mauvais plaisants et de « sucrées » ; mais l'amour opère des
miracles et il s'était mis au diapason, s'astreignant aux
petits vers et rimant des « bouquets » qui laissaient la
belle insensible ; elle était d'avis qu'un soupirant ne
peut mériter l'objet de sa flamme sans avoir parcouru
toute la carte du Tendre, séjourné à « petits soins » et

navigué sur « inclinations ». Il se soumettait, non sans pester tacitement, et, quand il n'en pouvait plus, il partait pour l'Alsace où le Roi lui avait donné le commandement d'un corps de troupes. Là, du moins, il pouvait estocader, cogner, taper, sabrer et il ne s'en privait pas; mais l'image de Julie l'obsédait et, entre deux campagnes, bien vite, il revenait à Paris, courait à l'hôtel de Rambouillet et, docilement, imposant silence à sa fougue, il reprenait sa chaîne, se remettait aux petits vers et se violentait aux mièvreries.

Julie ne cédait pas, soit que cet amoureux farouche lui parût d'une vertu trop sévère, soit qu'elle eût décidé qu'elle valait mieux que la belle Hélène et que sa conquête exigeait plus de temps que le siège de Troie. Alors Montausier, hérissé, regagnait les camps et se ruait à la bataille. Loin de sa Chimène, il ne songeait plus qu'à ses charmes et c'est ainsi qu'il eut l'idée de lui offrir un bouquet tel que jamais idole n'en avait reçu : un album unique, merveilleux, dont chacune des pages était consacrée à une fleur et chacune de ces fleurs comparée à Julie d'Angennes, — soixante et un madrigaux dont cinq sont de Montausier lui-même et les autres de dix-sept poètes, parasites de l'hôtel de Rambouillet; madrigaux magnifiquement tracés sur vélin par Nicolas Jarry, le plus habile calligraphe de l'époque; les fleurs peintes à miracle par Robert, le tout relié par Legascon avec un art dont le secret n'a pas été retrouvé. Telle était cette *Guirlande de Julie* qui fut déposée un matin sur le lit de la belle, alors qu'elle dormait, pour qu'elle la trouvât à son réveil. Toute autre aurait été attendrie par cet hommage à la fois si délicat et si retentissant; elle, non.

Montausier dut encore attendre quatre années dont il passa l'une, presque entière, prisonnier en Allemagne et dont il employa une autre à s'instruire de la religion catholique. Il abjura le protestantisme, levant ainsi le dernier obstacle aux rigueurs de Julie; pourtant elle le fit languir encore et c'est seulement lorsqu'elle vit approcher la quarantaine qu'elle accorda sa main à cet adorateur obstiné.

Ce fut, au dire des panégyristes, un parfait ménage; sans doute ne peuvent-ils pas dissimuler que les caractères des deux époux ne s'adaptaient guère : qu'on se représente Alceste obligé de vivre avec Célimène... Car, ainsi que l'assure une vieille tradition, Montausier fut le modèle du *Misanthrope* : Julie était d'abord facile et engageant; elle savait « faire aux indifférents le même accueil qu'à ses meilleurs amis »; elle était conciliante, complimenteuse et déguisait complaisamment ses antipathies; — le mari était cassant et insociable; il soutenait ses opinions « avec une chaleur qui approchait de la rudesse »; d'une droiture inflexible, « il ne s'embarrassait pas des impressions que pourrait produire sa sincérité »; — c'est bien là l'homme qu'a vu et immortalisé Molière. Louis XIV, qui appréciait Montausier, le nomma duc et pair en 1664; quatre ans plus tard il le choisit comme gouverneur de son fils, le Grand Dauphin, qui avait alors sept ans; le mari de Julie prit au sérieux cette haute mission; il conduisait le jeune prince dans les maisons des paysans : « Voyez, monseigneur, disait-il; c'est dans ces misérables retraites que vivent le père, la mère et les enfants : ils travaillent sans cesse pour payer l'or dont vos palais sont ornés et ils meurent de faim pour subvenir aux frais de votre table. » Alceste, duc et pair de France, était une manière de communiste : ceci déplut aux courtisans; on essaya d'inquiéter Louis XIV sur le danger d'un pareil scandale et l'extravagance de l'indécrottable gouverneur; le Roi risqua quelques observations; mais Montausier le saboula de la belle manière et garda sa place. On a dit que, en 1666, quand il apprit qu'un vulgaire bouffon, un amuseur public, osait le jouer sur les planches, il entra dans une belle fureur et sa première idée fut de faire bâtonner l'audacieux histrion; puis il se ravisa, alla voir la pièce, en revint tout rêveur : « Je désirerais, fit-il, ressembler à Alceste... »

Julie d'Angennes, duchesse de Montausier, mourut en 1671. Neuf ans après, lors du mariage de son royal élève, Montausier résigna ses fonctions et quitta la Cour pour vieillir dans la retraite

> et chercher sur la terre un endroit écarté
> où d'être homme d'honneur on ait la liberté.

Cet « endroit écarté » était-il Rambouillet? C'est possible, c'est même probable; mais c'est à Paris que mourut Montausier, le 17 mai 1690; il ne laissait qu'une fille, mariée au duc de Crussol-d'Uzès, lequel, brouillé, bien entendu, depuis longtemps avec son beau-père, décéda lui-même deux ans plus tard; sa femme mourut en 1695, laissant cinq enfants et une succession embarrassée. L'installation et le séjour des Rambouillet à Paris avaient coûté gros : la divine Arthénice ne s'abaissait pas à économiser; son mari, « l'homme le plus panier percé et le plus processif du monde », dépensait sans compter, soucieux seulement de soutenir son train; du domaine de Rambouillet, il ne tirait nul profit, car, afin de s'épargner des tracas, il vendait annuellement pour vingt-cinq mille livres, à Lacroix, son fermier général, ses coupes de bois qui, peut-être, en valaient le triple. Il était même désordonné et parfois besogneux, au point de recourir à la bourse des poètes qu'il nourrissait : Conrart et Chapelain lui prêtèrent de l'argent et, en 1658, son maître d'hôtel réclamait à Montausier et à Julie 28 000 livres dont il disait avoir fait l'avance. Montausier n'améliora pas cette situation et quand sa fille décéda, en 1695, les tuteurs de ses enfants n'acceptèrent par prudence la succession que sous bénéfice d'inventaire. Durant quatre ans Rambouillet fut donc le gage des créanciers : l'un d'eux, enfin, Jean-Baptiste Fleuriau, seigneur d'Armenonville, Hanches, Morville et autres lieux, intendant des finances et gouverneur de Chartres, acheta 140 000 livres le château et ses dépendances et en prit possession au 1er janvier 1700.

Fleuriau avait quarante ans; bon vivant, épris d'élé-gance, affable, souriant, possédant l'esprit et les manières du monde, connaisseur en belles choses et se plaisant dans la société des artistes, il était puissamment riche, aimait la dépense et il résolut de transformer Rambouillet en un petit Versailles. Ce qui surprend c'est que cet homme à la mode et, comme tel, dédaigneux des vieilleries, ne toucha pas à la demeure féodale des d'Angennes; il n'essaya pas de la rajeunir et se contenta de la meubler magnifiquement. Par contre les jardins reçurent tous ses soins : en réalité ils restaient à créer car la grande prairie qui s'étendait à l'est de la propriété, n'était, à vrai dire, qu'un marécage. Montausier y avait ébauché un canal qui, prolongé par Fleuriau sur une longueur de 389 toises — 740 mètres — passa devant le château et permit d'établir une terrasse avec parterres de fleurs et embarcadère dans l'axe duquel un autre canal, perpendiculaire au premier, et plus large, conduisait librement le regard vers les bois qui bornaient l'horizon. Pour parfaire l'assèchement des terres, on creusa des rigoles qui, tracées en oblique, allaient, bordant les allées, contourner, d'un côté, les roches de Rabelais et, de l'autre, un monticule similaire. Au sud, par delà le grand canal, on dessina un vaste bassin que, en raison de sa forme, on nomma le *Rondeau;* un autre lui fit pendant à l'extrémité nord du canal; il était carré, on l'appelait le *Miroir.*

Ce système hydrographique formait ainsi deux grandes îles dont l'une reçut la basse-cour; l'autre fut disposée en potager : aux abords du château on dissémina, parmi les broderies de fleurs et les gazons, un grand nombre de vases et de statues; l'embarcadère fut orné de deux marbres : *Alphée* et *Aréthuse;* une *Latone* se dressa sur l'une des pièces d'eau; huit figures de marbre antique encadrèrent le Miroir; dix-neuf termes, montés sur des gaines, s'alignèrent en bordure de la terrasse et deux sphinx de pierre gardèrent l'entrée de l'avant-cour, vaste espace qu'avait dégagé Montausier. Les amateurs déclaraient que ce beau lieu ainsi transformé rivalisait de noblesse, d'agrément et de luxe avec le Marly du Grand Roi.

Mais quel anachronique assemblage devait composer ce jardin à la Lenôtre, avec ses allées rectilignes, ses perspectives largement ouvertes sur des eaux tranquilles et cet Olympe de marbre, entourant une forteresse gothique, hérissée de tours à mâchicoulis, avec pont-levis, créneaux et meurtrières! Sans doute Fleuriau d'Armenonville se proposait-il de maniérer un peu, au goût moderne, cette vieille masure, voire de l'abattre et de la remplacer par quelque bâtiment moins démodé; mais il avait commencé par le plus urgent, car si un ouvrage de maçonnerie, à l'aide d'ouvriers habiles, s'exécute en quelques mois, la création d'un parc exige la collaboration de la nature qui, elle, procède avec lenteur. Durant cinq années pleines, Fleuriau s'était donc astreint à des travaux de terrassement, d'irrigation, de nivellement, de plantation, besognes ingrates mais dont les effets tardifs, progressant chaque année, le consoleraient de vieillir; il en avait fini avec ces agencements préparatoires qui attendaient du temps leur parure, quand un coup de foudre terrassa le malheureux propriétaire amoureux de son œuvre et rêvant de la poursuivre. Il apprit que monseigneur le comte de Toulouse, fils du Roi et de madame de Montespan, ayant entendu merveilles de ces parterres et de ces allées d'eau créées à grands frais, désirait posséder Rambouillet. En semblable occurrence un Français d'aujourd'hui opposerait un refus poli et garderait son château sans que personne y trouvât à redire; mais en ces temps reculés où l'on professait pour les grands de la terre et particulièrement pour les membres de la famille royale un respect religieux, la moindre intention d'un prince équivalait à un ordre : le pauvre

Fleuriau s'exécuta et, par courtisanerie, sans manifester l'ombre d'un regret.

Quel crève-cœur pourtant lorsqu'il contempla, en les quittant pour toujours, ces choses qu'il aimait ! Comme il dut penser souvent, quand revenaient les printemps, à ses arbres qui grandissaient, au décor qu'il avait planté et que chaque année devait embellir ! Aujourd'hui encore, malgré tant de bouleversements, de révolutions, d'instabilité et de vicissitudes, s'il revoyait, par prodige, son cher Rambouillet, il y reconnaîtrait des traces de son court passage ; mais quelle mélancolie ! — De ses dix-neuf termes, genre antique, un seul est debout : celui d'Esculape ; le nez du dieu des médecins est cassé et la base de la gaine qui le porte plonge dans un bassin demi-circulaire où l'on descend par cinq marches et où croupit une eau vaseuse. Dans l'île des Festins, se devine sous les branches une informe statue de la Force, rongée de lichens ; un Apollon décapité s'incline sur un rocher artificiel et on a retrouvé un Bacchus fendillé dans le jardin du directeur de la Ferme. Quant aux deux sphinx de pierre posés par Fleuriau en sentinelles à l'entrée de la cour, après avoir longtemps figuré, sans têtes, à l'extrémité du canal, ils sont maintenant hospitalisés à la Laiterie, vermiculés par le temps, ébréchés par les heurts, effrités, méconnaissables, attendrissants de vétusté.

D'ailleurs, le comte de Toulouse fit bien les choses : Fleuriau d'Armenonville reçut, pour prix de son château, un demi-million de livres et obtint en outre, comme pot-de-vin, la capitainerie du bois de Boulogne. Là aussi il laissa un souvenir : la maison de chasse qu'il y

bâtit existe encore, mais détournée de sa première affecta-
tion; combien de Parisiens qui fréquentent au pavillon
d'Armenonville savent-ils d'où vient le nom de cet endroit
réputé et donnent-ils une pensée à l'éphémère châtelain de Rambouillet?

III

CHEZ LE FILS DU ROI-SOLEIL

Le comte de Toulouse. — Le Dauphin chasse le loup. — Louis XIV à
Rambouillet. — Sophie de Noailles. — L'appartement d'assemblée.

En 1683, le comte de Toulouse, alors âgé de cinq ans,
était déjà grand amiral de France. C'était débuter jeune
dans la carrière de marin; mais il avait l'âme bien née,
car sa valeur n'attendit pas qu'il fût homme pour se
manifester avec éclat. A douze ans, son intrépidité aux
sièges de Mons et de Namur émerveillait les vieux
soldats. La guerre de succession d'Espagne lui fournit
maintes occasions de prouver ses talents en stratégie
navale : il était chargé de gloire et de titres lorsque, en
1705, à vingt-sept ans, il devint l'heureux possesseur
de Rambouillet. Bien fait de sa personne, ce qui le distinguait des autres enfants que le Roi avait eus de madame
de Montespan, aimable, instruit, sans morgue, « magnifique », ainsi que l'on disait alors, il n'avait pas encore
pris femme. Il fallait cependant qu'il fût remarquable-

ment sympathique puisqu'il trouva grâce devant Saint-Simon, l'ennemi déclaré des enfants adultérins de Louis XIV; ce mémorialiste, frondeur impitoyable, reconnaît que « le comte de Toulouse était l'honneur, la vertu, la droiture, l'équité mêmes ».

Rambouillet allait devoir à ce prince son apogée : en même temps qu'il achetait ce château, il acquérait le duché de Montfort, les terres de Poigny, d'Auffargis, de Gazeran, de Guiperreux et, en partie, celle du Perray, doublait l'étendue de son parc et la portait à 2 400 arpents — 1 200 hectares — entourés de murailles. Son domaine comprenait, au total, 30 000 arpents de bois et de bruyères et formait la plus magnifique terre de chasse qu'il y eût alors en France.

Sans tarder il livrait à ses architectes l'antique château des d'Angennes, conservé intact depuis le moyen âge, si l'on excepte quelques réparations et modifications de détail. Sans rien abattre des vieux murs du XIVe siècle, on doubla la largeur de l'aile de l'est, qui tenait à la porte fortifiée, de façon à y aménager plusieurs logements de maîtres et à réserver la grande salle et les pièces qui lui faisaient suite, destinées à servir d'appartement pour le Roi. On nicha, habilement, un vestibule demi-circulaire dans l'angle formé par l'ancien bâtiment; la cour du château devenant ainsi rectangulaire, on en orna les façades de colonnes, de balcons, de hautes lucarnes à fronton; on supprima la courtine et les fossés, et, sur le terrain nivelé, on éleva à leur place une belle grille en hémicycle touchant d'un côté à la porte fortifiée, de l'autre à la Tour de François Ier. Seul un plan permet d'apprécier l'ingéniosité des architectes, — un certain

Sarda, dit-on, dirigé par Robert de Cottes, — qui réussirent à transformer la demeure féodale en une habitation moderne, et conservèrent, sans crainte du disparate, les parties que leur antiquité rendaient vénérables.

En deux ans, tout fut terminé et, pour l'inauguration, débarqua la Cour de Versailles : le Grand Dauphin, les jeunes princes ses fils, le duc de Bourgogne et le duc de Berry, la duchesse de Bourgogne, la princesse de Conti, fille du Roi et de mademoiselle de la Vallière, le duc de Bourbon, premier duc de France et que, pour ce motif, on nommait *Monsieur le Duc*, tout court. Chacun de ces personnages amenait ses familiers et sa suite, ce qui suppose un nombre considérable de gentilshommes, d'écuyers, de pages, de gardes, de dames titrées, de valets et de servantes. On est au dimanche 7 août 1707 ; dès la veille sont arrivés les officiers d'office et d'écurie envoyés par le Roi pour aider au service ; car Louis XIV, soucieux d'épargner aux privilégiés qui le reçoivent, lui ou les siens, une dépense trop considérable, a décidé que tous ces déplacements auront lieu à ses frais. De là, peut-être, l'origine de cette maxime d'étiquette que, où qu'il aille, le Roi est partout chez lui et traité en maître de la maison.

Les grands carrosses à six chevaux tournent dans l'étroite cour d'honneur ; que de valetaille galonnée, quelle animation, quel empressement ; que de courbettes, de saluts, de baise-mains, de révérences ; quels cris de surprise et d'admiration, à l'aspect des façades toutes neuves, de pierre blanche et de brique rose, qui rajeunissent le vieux château ! Dès l'entrée, on s'exclame : le vestibule tendu d'une magnifique tapisserie de la

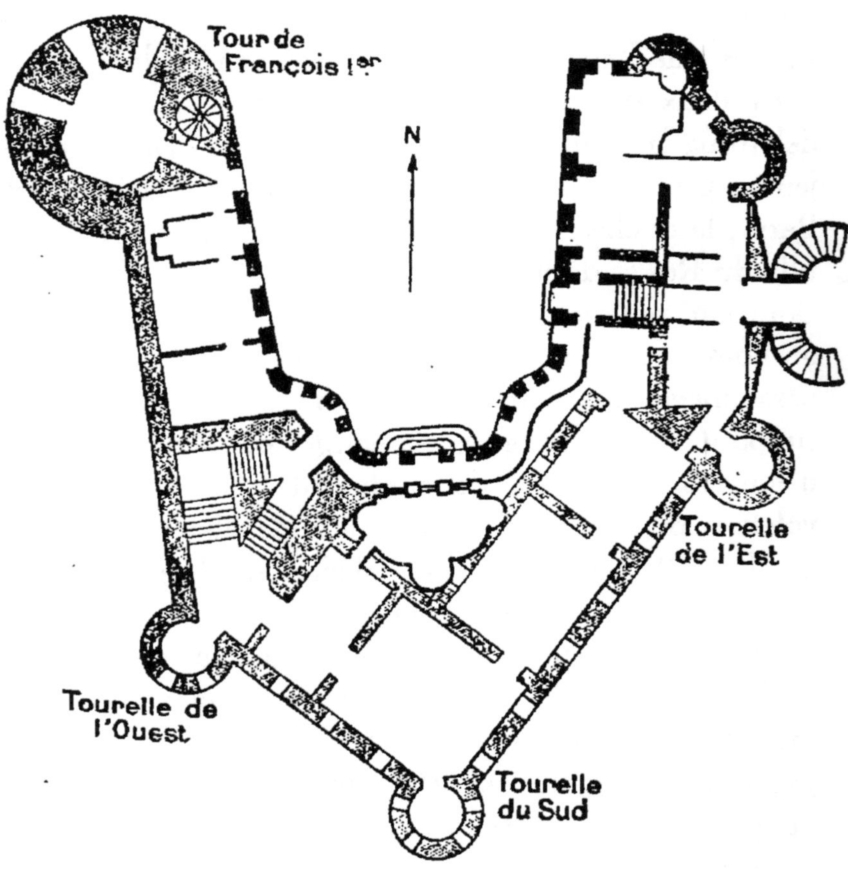

Le Château de Rambouillet
après les premiers travaux du comte de Toulouse.
État de 1705 à 1730 environ.

Chine, la chambre réservée au Dauphin, son lit entièrement drapé d'or « charmant les yeux ». On se promène de pièce en pièce, où tout est disposé pour la commodité d'un long séjour ; les hôtes augustes s'installent, pour se retrouver bientôt dans la salle du couvert où le repas va être servi, aux sons d'une musique délicieuse entremêlée de chansons « qui divertirent beaucoup ».

Le lendemain, le Dauphin chasse au loup dans la forêt, et, à son retour, le comte de Toulouse lui fait visiter ses écuries établies dans le bâtiment des communs, longue galerie récemment élevée le long de l'avant-cour et qu'un souterrain met en communication avec le château. Coup d'œil saisissant ; cent deux chevaux de selle alignés « tout d'une file », sous des couvertures de haut goût, les crins ornés de nœuds de rubans ; au-dessus des stalles sont pratiquées des chambres pour les palefreniers qui y couchent ; les trophées de harnais étincellent, et tant d'ordre et de prévoyance ont présidé à l'installation de cette écurie modèle que toutes les fenêtres en sont garnies de rideaux.

Le mardi 9, chasse au cerf que les dames suivent en carrosse ; pour achever la journée, promenade, jeu et musique. Il y eut encore chasses au loup le mercredi et le jeudi ; les princes retournèrent ce jour-là à Versailles et la noble compagnie quitta son hôte, « admirant sa magnificence et charmée de ses manières affables et généreuses ».

Une seule ombre au tableau : l'encombrement. Les officiers du comte de Toulouse étaient en si grand nombre que le renfort de ceux envoyés par le Roi, afin d'aider au service, n'avait eu pour effet que de le compliquer.

Cette masse de serviteurs s'embarrassant l'un l'autre, le conflit des attributions, certaines rivalités probablement, avaient occasionné un désordre dont le comte était marri. Il se permit d'observer au Roi que son château n'était pas assez grand pour recevoir tant de monde; tout son personnel ne pouvait même s'y loger. Il sollicitait donc de Sa Majesté la faveur de se charger lui-même de recevoir les princes et d'assumer toute la dépense; le Roi voulut bien accorder à son fils préféré cet avantage qu'il aurait refusé à tout autre, et les altesses revinrent à Rambouillet en automne, accompagnées « d'un grand nombre de seigneurs », sans compter les gardes du corps et les Cent-Suisses. Cette fois la responsabilité d'assurer le plaisir et le bien-être de cette invasion de visiteurs retombait sur M. Desplasons, gouverneur du château, et la difficulté s'augmentait du peu de ressources qu'offrait alors le bourg de Rambouillet; il fallait tout prévoir et ne compter que sur les approvisionnements locaux. Ce fut « magnifique ». Les princes et leur cortège avaient quitté Versailles le lundi, 14 novembre, à sept heures du matin; en arrivant à Rambouillet ils partirent aussitôt pour la chasse au loup et ne rentrèrent qu'à six heures du soir. Trois tables de quinze couverts chacune les attendaient, splendidement servies, la première par les officiers du comte de Toulouse, la seconde par ses valets de pied, la troisième par ses domestiques. Il y en avait une quatrième, appelée *table des suppléants*, pour ceux qui se présenteraient sans être attendus. Ces quatre tables étaient seulement pour les convives de haut rang et, bien entendu, toute leur suite et leurs équipages se virent traités avec autant de largesse que d'élégance : les vins de Bourgogne et de Champagne étaient prodigués, ainsi que les vins de liqueur, le chocolat, le thé et le café, « toujours prêts pour ceux qui en souhaiteraient ». Tous les matins, grands déjeuners avant le départ pour la chasse et, par un raffinement de somptuosité, quoique les nobles invités fussent absents pendant la journée, on n'en servait pas moins, à l'heure du dîner, la table des princes « avec autant de recherche, de délicatesse et de propreté que si ces princes y eussent été ». A six heures les tables se retrouvaient dressées pour le « retour de chasse » et les plus exigeants des formidables appétits de ce temps-là pouvaient largement se satisfaire et s'estimer comblés. La fête se poursuivait au cours de la nuit : jeux de toute sorte, concerts dirigés par le sieur Matteau, ténor de la chapelle royale, qui faisait entendre ses plus beaux airs d'opéras et des morceaux de musique italienne, « ce qui fournissait un divertissement sans cesse renouvelé ».

Le programme variait peu : tous les matins la journée commençait par une messe en musique à l'église du bourg. Le mardi 15, grande chasse; le mercredi, monseigneur le duc de Berry monta, dès l'aube, à cheval et alla tirer dans le parc des lapins et des lièvres « jusqu'à l'heure marquée pour le départ de la chasse au loup où ce prince en tua un ». Au retour, monseigneur le duc de Bourgogne « s'occupa à tirer des lapins jusqu'à la nuit ». On devait rentrer le jeudi à Versailles; mais le Grand Dauphin, fort satisfait du régime de Rambouillet, proposa d'y prolonger son séjour jusqu'à la fin de la semaine. On chassa donc ce jour-là, le matin les lapins, l'après-midi le cerf : on fit, le soir, la curée dans l'avant-cour du château; il y eut encore chasse le vendredi 18, et le lendemain les princes, ainsi que tous les seigneurs qui les avaient accompagnés, retournèrent à Versailles, ravis des agréments de ce lieu délicieux et charmés des « grandes manières » de leur amphitryon.

A sept ans de là, tous ces princes qui, dans cette atmosphère de luxe et d'adulation, planent au-dessus de l'humanité; ces princes si ardents auxquels un long avenir de continuelles jouissances, de bonheur et de gloire semble réservé, tous : le Grand Dauphin qui a maintenant quarante-quatre ans, le duc de Bourgogne qui en a vingt-trois, la duchesse, plus jeune encore, leur enfant au berceau, le duc de Berry qui n'a pas vingt ans, tous, tous, seront couchés dans les caveaux de Saint-Denis et la nombreuse postérité du vieux roi, qui survivra à ces deuils, ne sera plus assurée que par un enfant si chétif qu'on le baptisera à la hâte, tant le mal mystérieux qui frappe tous les siens apparaît implacable comme une revanche de la destinée.

Louis XIV supportait vaillamment ces catastrophes : plus que septuagénaire, il reste roi jusque dans la douleur. Déjà il est venu en octobre 1712 et en juin 1713 à Rambouillet. Il y reviendra en juin 1714 et rien, dans la façon dont il s'y comporte, n'indique qu'il est fatigué ou affligé. Madame de Maintenon est du voyage et aussi la princesse Palatine, belle-sœur du Roi. Dix-sept princesses ou nobles dames les accompagnent, au nombre desquelles il faut mentionner la duchesse de Bourbon et ses deux filles, les princesses de Clermont et de Charolais, et aussi Victoire-Sophie de Noailles, veuve depuis deux ans du marquis de Gondrin, petit-fils par descendance légitime de madame de Montespan, dont le comte de Toulouse est né hors mariage. Il se trouve donc être, si l'on peut dire, l'oncle « naturel » de cette jeune veuve de vingt-six ans qu'il a rencontrée aux eaux de Bourbon et pour laquelle, malgré qu'il ait toujours paru « fort éloigné de se marier », il a pris beaucoup de goût. Victoire-Sophie de Noailles était charmante, à en juger par ses portraits : le quinteux Saint-Simon reconnaît « qu'elle avait la gorge belle et un visage agréable », et même il lui accorde de la gaîté et de l'esprit.

Hormis le duc d'Orléans, neveu direct de Louis XIV, et les ducs de Sully et de la Feuillade, amenés par le comte de Toulouse avec la permission du Roi, aucun homme n'était du voyage. Il serait fastidieux d'esquisser de nouveau un tableau de ces réceptions qui diffèrent peu; qu'il suffise de dire que celle-ci fut des plus réussies et que tous les invités en parurent délicieusement réjouis; les yeux langoureux et le joli minois de la marquise de Gondrin suffisaient à ravir le maître de la maison; madame de Maintenon, qui ne devait pas être facilement amusable, se déclara parfaitement satisfaite : « Nous sommes ici dans les plaisirs depuis le matin jusqu'au soir, écrit-elle à madame des Ursins; tous les jours chasse, souvent la curée sous mes fenêtres, tous les soirs musique »; mais elle juge que ça manque un peu de tenue : « Nos princesses joignent à la liberté qui est assez grande maintenant partout, celle de la campagne. » La vieille madame des Ursins répond à son amie, non sans dédain pour le temps présent, « qu'elle est allée à Rambouillet jadis, quand y vivaient les Montausier »; c'est alors que régnaient le bon ton et la politesse; « le tabac n'était point connu, non plus que d'autres modes qui se sont introduites depuis et qui n'y auraient pas été admises ». Horace, déjà, avait constaté cette tendance qu'ont les gens âgés à soutenir que tout se gâte et que le monde était bien meilleur à l'époque où ils avaient vingt ans.

Quant au Roi, il est toujours jeune : il entend la messe tous les matins, passe chez madame de Maintenon où il travaille avec les ministres qui, il faut le croire, viennent quotidiennement de Versailles. Puis il dîne avec les dames, et solidement : on n'en est plus au temps où l'on servait sur les tables royales de la bouillie, réputée seule nourriture saine et digestive, et où Louis XIV lui-même disputait un poêlon de ce mets à son frère qui, pour terminer la querelle, le lui jetait à la figure. Après le dîner c'est la chasse : le Roi, en dépit de ses soixante-seize ans, monte en voiture tous les jours pour courre le cerf ou le lièvre, se promène dans les jardins et par tous les temps. Dangeau note : « Plus il voit ce pays de Rambouillet et plus il s'y plaît. » Il projette même d'y revenir en octobre; d'ailleurs il semble résolu à ne point penser à ce qui pourrait troubler son plaisir : le 16, quand il rentre de la chasse, il apprend que la duchesse de Berry vient de lui donner une arrière-petite-fille; le lendemain tandis qu'il tient conseil, M. de Pontchartrain lui annonce que cette enfant est morte; sur quoi le Roi ordonne « de la faire enterrer le plus tôt possible sans cérémonies ». Puis il va tirer des lapins. Le 18, il chasse encore une fois à courre et, le jour suivant, il quitte Rambouillet à trois heures pour rentrer à Marly.

Il serait plus intéressant de rechercher dans quelles

conditions une si noble et si nombreuse société était logée dans le château de Rambouillet; mais on ne peut que hasarder des hypothèses : il est de tradition que la chambre où couchait le Roi est l'immense pièce servant actuellement de salle à manger, — ancienne grande salle du château des d'Angennes. Au temps du comte de Toulouse on accédait directement du vestibule à cette belle pièce, sensiblement plus vaste en 1714 qu'aujourd'hui, car l'office qu'on y a aménagé à une époque incertaine n'existait pas et la tourelle du sud, accolée à l'angle de cette salle, était en communication directe avec elle. On a dit que cette tourelle fut l'oratoire de Louis XIV et la chapelle même du château; mais, d'après certaines relations qu'on ne peut suspecter, la musique se faisait entendre durant les offices, au cours desquels on exécutait chaque jour des motets nouveaux; il faudrait donc admettre que, à l'heure de la messe, la chambre royale était envahie, non seulement par les violons, mais par toute la population du château, ce qui paraît bien improbable. Ou bien la chapelle du comte de Toulouse était située ailleurs, ou bien Louis XIV se rendait, pour ses dévotions, à l'église du bourg, très voisine, ainsi qu'on le sait; et la tourelle adjacente à la chambre pourrait bien n'avoir servi qu'à recevoir, ainsi que le mentionne quelque part le duc de Luynes, la chaise percée de Sa Majesté.

Quant à la décoration de la chambre même, on n'en possède qu'une description dont il faut bien faire état, puisqu'elle est unique, encore qu'elle n'inspire qu'une très médiocre confiance; elle émane d'un Anglais qui, visitant Rambouillet en 1807, prétend que, par respect pour la mémoire du Grand Roi, l'appartement où il coucha « est resté, jusqu'à cette époque, dans l'état où il était du temps de ce monarque ». — Allégation manifestement fausse; et ledit Anglais contemple « sur un plancher élevé à l'extrémité de la salle, le lit royal en velours rouge et or, avec dessus de satin blanc ». On lui montre aussi « des pièces d'étoffes grossières comme étant les draps dans lesquels aurait dormi Louis XIV ». Ce reportage ne mérite aucune attention et son auteur a dû être victime de quelque cicerone facétieux. Ce qui intrigue c'est qu'il faut trouver pour le Roi et pour madame de Maintenon un appartement de plain-pied; or il ne reste, du temps du comte de Toulouse, dans cette partie du château que deux pièces qui répondent à cette désignation. Si l'on ajoute que, l'intraitable étiquette régnant alors en souveraine, il était de toute nécessité qu'une antichambre assez vaste précédât la chambre de Sa Majesté, pour que, à l'heure de son coucher et de son lever, le service des « Entrées » pût s'ordonner comme à Versailles, on en arrive à conclure qu'il est impossible de reconnaître dans les dispositions actuelles du château celle de l'appartement du Roi-Soleil, à moins d'admettre que la grande salle était alors divisée en deux par une cloison, ainsi que, d'ailleurs, l'indiquent certains plans.

Qu'on excuse cette aride et vaine topographie; ce qui fait le charme d'un château chargé, tel que celui-ci, de siècles et d'histoire, c'est le mystère qui l'enveloppe. Se demander *comment était-ce?* chercher à découvrir un indice du passé, un rien qui aide à reconstituer par la pensée ce qui n'est plus, voilà, diront les profanes, une occupation qui ne peut satisfaire que l'oisiveté d'un rêveur dénué de sens pratique. Bien des gens ne comprendront jamais quelle intense et mélancolique curiosité suscitent ces murs, vieux de six cents ans, qui ont *vu* tant de choses et résonné au bruit de tant de voix. S'il reste encore à Rambouillet un vestige de l'ancien appartement de Louis XIV, ce peut être seulement un fragment de robuste et simple boiserie conservé dans l'office voisin de la grande salle à manger, et qui paraît dater du XVIIᵉ siècle. Il est possible que ce lambris soit là depuis les temps glorieux du château, alors que le comte de Toulouse, objet de la tendresse de son royal père, se plaisait à faire de son domaine l'un des séjours les plus réputés de France.

C'est alors qu'il fit planter, à proximité du château, cet imposant quinconce qui, bien éprouvé par les ans, subsiste pourtant encore; deux nouveaux canaux, creusés en éventail, coupèrent en biais les îles des Poules et du Potager, embrassant de larges nappes d'eau les îles plus petites des Festins et des Roches; dans celle-ci un perron de marbre permettait d'atteindre, par un chemin taillé dans les rochers de Rabelais, un joli temple, ouvert de quatre côtés et que décoraient des peintures. D'admirables avenues, ménagées avec art, prolongeaient les perspectives du jardin jusque dans le grand parc, et la forêt immense était percée de trois cents lieues de routes. Tant d'opulents efforts valaient une récompense : dès 1711 le Roi érigeait l'ancien marquisat des d'Angennes en duché-pairie et y créait une maîtrise des Eaux et Forêts; il donnait, trois ans plus tard, au comte de Toulouse la charge de Grand Veneur et l'élevait, malgré sa bâtardise, au rang de prince du sang royal. Nul n'ignore que Louis XIV fit plus encore : il légitima ses enfants naturels, et le châtelain duc de Rambouillet, ainsi que son frère le duc du Maine, étaient éventuellement appelés à ceindre la couronne de France.

Tout s'écroule quand meurt le grand Roi; son testament est cassé; le droit de succession au trône est enlevé aux légitimés; on leur chicane jusqu'à leurs titres de princes du sang. Tous ces faits sont de l'Histoire générale et trop connus pour être ici détaillés. Le duc du Maine s'insurge; le comte de Toulouse se résigne; il est sans ambition, non sans fierté; il va parfois saluer, à Vincennes ou à Versailles, son neveu, le jeune Louis XV; mais il ne se montre à aucune des cérémonies de la Cour, ni à la première communion du petit roi, ni à son sacre; il se confine à Rambouillet qu'il se plaît à embellir encore, et, large compensation aux grandeurs perdues, il est amoureux.

Jusqu'alors, on l'a dit, il s'était montré réfractaire au mariage, peut-être parce que, désigné comme héritier du trône, il n'aurait pu épouser une personne de son choix. Libéré maintenant, voyant l'avenir de la famille royale assuré par le prochain mariage de Louis XV, il céda à ses sentiments et épousa cette jolie et spirituelle Sophie de Noailles qu'il avait si souvent reçue à Rambouillet. Il avait alors quarante-cinq ans; elle, trente-cinq. Pourquoi voulut-il que cette union restât secrète durant dix mois? Comptait-il sur quelque revirement imprévu qui lui créerait de nouveaux devoirs, ou, plus probablement, retiré de la Cour, voulait-il éviter qu'une grande cérémonie où tous les princes eussent paru, réveillât les rancunes assoupies et les rivalités de préséance, toujours prêtes à s'envenimer? Ce qui est sûr c'est qu'il attendit la mort du Régent, son beau-frère, pour rendre public son mariage. Quoique ce mariage eût fait beaucoup parler et qu'on eût même prétendu qu'il n'était pas valable, en raison du degré de parenté des deux époux, ils furent parfaitement heureux : « On ne peut exprimer, disait le duc de Luynes, ce qu'était leur union, d'autant plus intime qu'elle était réciproque et fondée sur la reconnaissance de la comtesse. Durant quatorze ans qu'ils furent mariés, ils ont toujours couché dans le même lit ou dans la même chambre et je ne crois pas que l'on puisse trouver dans ces quatorze années qu'aucun événement les eût séparés. » Un fils naquit en 1725 de ce couple exemplaire : il fut ondoyé à l'église de Rambouillet et reçut le titre de duc de Penthièvre, apanage dont Louis XIV avait gratifié le comte de Toulouse dès 1697.

Le châtelain de Rambouillet disposait d'un million et demi de rentes ; les continuels embellissements de son domaine en absorbaient une partie ; car son amour pour sa femme se traduisait en améliorations apportées à leur domaine de prédilection, et c'est ainsi que le château dut bientôt à cette galanterie une parure d'une telle grâce et d'une telle richesse que Versailles lui-même pourrait la lui envier.

Comprenant que le vieux manoir, même augmenté de deux ailes, dont l'une, celle de l'ouest, n'était là que pour la symétrie, ne suffirait pas aux hôtes de marque et aux nombreuses sociétés qu'il était appelé à recevoir, le comte de Toulouse résolut de l'agrandir encore et d'élever, contre l'ancienne courtine qui avait relié le logis féodal à la grosse Tour, un corps de bâtiment dont les appartements seraient décorés dans le style élégant de l'époque. Tenu par les anciens contours du château et par les dispositions des canaux, on ne pouvait songer à prolonger en ligne droite les constructions prenant façade sur le parc, et le nouveau pavillon à bâtir allait former avec elles un angle assez prononcé. Afin de dissimuler cette défectuosité, on abattit la tourelle de l'ouest pour la reconstruire quelques toises plus au nord, à l'endroit même où se dessinait ce coude inévitable. D'ailleurs les architectes ne cherchèrent point à innover et imitèrent sagement, pour ce prolongement, la simplicité des anciens bâtiments : un haut étage, brique et pierre, surmonté de grandes mansardes de brique. On sacrifiait donc tout à l'élégance et à la commodité intérieures, au point qu'on renonça à mettre les nouveaux salons de plain-pied avec les grandes pièces du vieux château, pour adopter le niveau de l'aile étroite qu'ils allaient doubler. Telles étaient les difficultés à résoudre et qu'il faut bien mentionner dans l'intérêt des visiteurs du château actuel que déroutent tant de guingois et tant de désaffleurements.

Les architectes se débrouillèrent tant bien que mal; mais les décorateurs composèrent un chef-d'œuvre. Des trois salles dont s'augmentait la demeure du comte de Toulouse, la première, élégante de forme, est lambrissée de boiseries simples; mais les deux suivantes défient toute description. Il n'y a pas, en effet, de mots pour exprimer la grâce exquise de ces fantastiques dentelles de chêne, si exubérantes et si ordonnées, prouesses d'un art magique qui se joue de la matière et la modèle à son gré. On ne sait si l'on doit admirer davantage la fantaisie de l'artiste qui a rêvé ces délicieuses arabesques ou la dextérité de l'ouvrier qui les a ciselées en plein bois. Ce qui étonne le plus, c'est l'aristocratique allure, ou, — pour user d'un mot qui n'a plus guère d'emploi, — la *distinction* de ce décor fougueux qui reste simple dans sa luxuriance. Jadis plaquée d'or sur fond clair, cette ornementation devait être éblouissante; soigneusement décapée aujourd'hui, elle gagne peut-être en discrétion ce qu'elle a perdu en richesse et le ton uniforme du beau chêne lui communique un attrait vieillot qui ajoute à son élégance. Ces moulures sombres forment un contraste surprenant, — émouvant, même, — avec les hautes glaces qu'elles encadrent d'un faisceau de joncs entouré de fleurs retombant en guirlandes sur les limpides miroirs. Moins papillotant et plus sévère qu'autrefois, cet ensemble évoque mieux, dirait-on, le souvenir de tous ceux qui, depuis deux siècles, ont vécu là et dont ces glaces ont réfléchi la vivante image : que de scènes galantes, de rires, de joies, d'intrigues elles ont reflétés; que de visages anxieux, de larmes, de désespoir aussi!... On le verra par la suite de ce récit car, à ces salons faits pour l'amour, les destins réservaient d'être associés à des tragédies fameuses et de voir passer toutes les grandes figures de notre Histoire.

Faits pour l'amour... On ne peut s'y tromper : la somptuosité de ces appartements est une déclaration; leurs belles boiseries se marient à de charmantes corniches où figurent, en théories parlantes, des petits Cupidons folâtres; et, en certains endroits, apparaît le chiffre de Marie-Sophie de Noailles, comtesse de Toulouse; pour ravir ses jolis yeux on a créé ces merveilles; à quelle date? On ne sait pas : évidemment au moment de son mariage

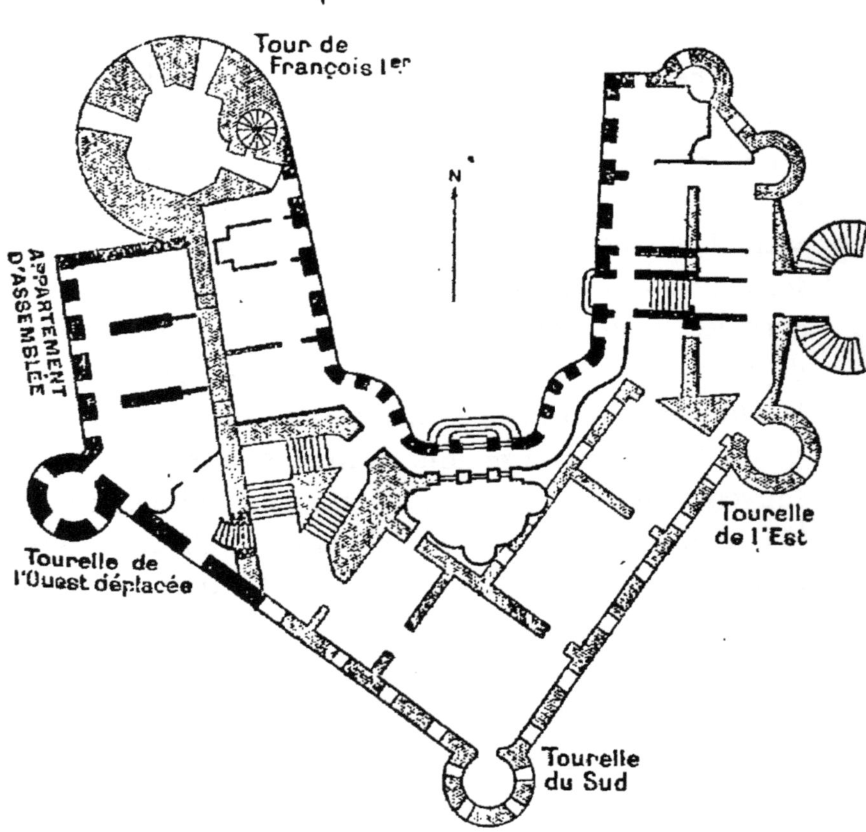

Le Château de Rambouillet augmenté vers 1730 des trois premiers salons de l'appartement d'assemblée.

ou dans les années qui suivirent. Quel en est l'auteur? Rien ne l'indique : Antoine Vassé, a-t-on dit; le Flamand Verberckt, prétendent d'autres; mais celui-ci, qui, plus tard, allait parer de ses chefs-d'œuvre les petits appartements de Louis XV, à Versailles, n'avait que vingt ans à l'époque où Sophie de Noailles devenait la reine de Rambouillet. Faut-il croire à toute une équipe dont auraient fait partie les deux ornemanistes précédents et Jules Dugoulon, très lié avec Verberckt et, lui aussi, sculpteur émérite? Quels vrais artistes étaient ces hommes qui produisaient de si belles choses et ne songeaient même pas à s'en prévaloir?

Il faut dire que si ces trois pièces égalaient aux plus belles du pays la demeure des Toulouse, le corps de bâtiment qui les contenait devait singulièrement accentuer l'irrégularité de la silhouette générale du château. Il paraît bien probable que ce pavillon n'avait pas été continué jusqu'à la Tour de François Ier par respect pour ce monument historique et le grand souvenir qu'il rappelait. Mais le nouvel appartement fut si admiré qu'on se décida à le prolonger et à entamer la vieille Tour; et c'est alors que furent aménagées les trois salles qui, formant enfilade avec les précédentes, sont de dimensions moins imposantes, précisément en raison du voisinage de l'antique donjon qu'on s'efforçait de défigurer le moins possible. N'importe, on l'ébrécha fortement afin de donner à ces trois salons, — à ces trois boudoirs pour mieux dire, — des formes régulières; certaines de leurs dispositions, qui paraissent l'effet d'un gracieux arrangement, ont été, en réalité, imposées par la dureté des formidables murs du XIVe siècle, qu'on

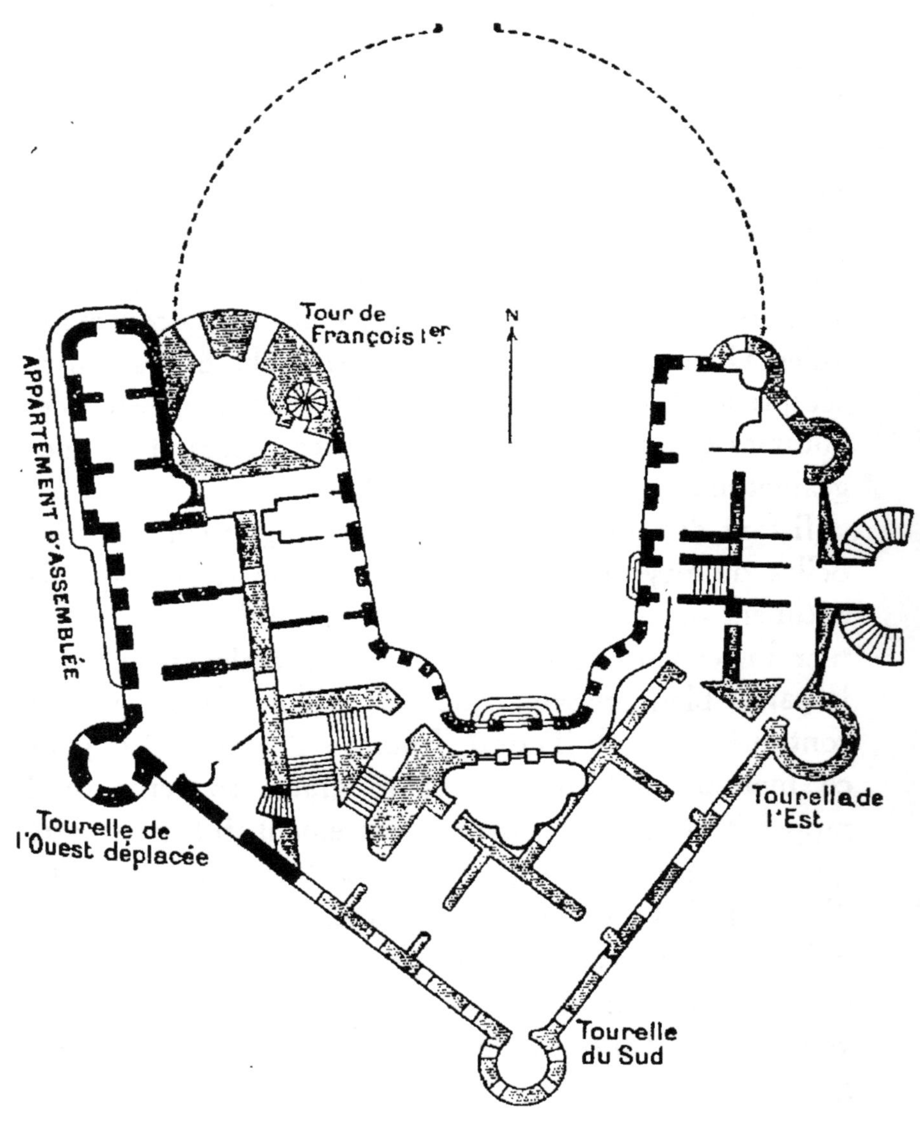

Le Château de Rambouillet après l'achèvement de l'appartement d'assemblée. (État de 1735 à 1805, époque de Louis XV, du duc de Penthièvre et de Louis XVI.)

parvint à grignoter pour loger dans leur flanc ces ravis-
santes chambrettes. Quant à leur décoration, elle sur-
passe en grâces étourdissantes celle des grands salons
qui les précèdent : c'est, avec le même rythme, la
suprême expression de ce style qu'on a qualifié de
rococo, plus riche encore ici d'invention et de délicatesse.
Ainsi complété, « l'appartement d'assemblée » était
digne des plus augustes hôtes, et ceux-ci n'allaient pas
lui manquer.

IV

FREDAINES ROYALES

Avant que le jeune roi Louis XV ait atteint sa majorité, — quinze ans, — il a pris possession des appartements de Louis XIV, à Versailles; quelques mois plus tard, il a été solennellement sacré à Reims. Ses précepteurs, la Cour entière, s'étonnaient qu'il semblât insensible à la beauté des femmes : on le conduisit à Chantilly où l'on avait réuni dix-sept des plus jolies dames de la Cour... Il ne s'intéressa qu'à courre le cerf, ce dont elles furent très marries; il était si beau, « avec ses longs cils frisés, son joli teint, sa charmante petite bouche... » On eût dit l'Amour en personne. Il est réfléchi, fort pieux, très instruit, mais trop renfermé et taciturne, paraissant dégoûté de tout et hanté par la préoccupation des choses de la mort. Déjà il est allé à Saint-Denis pour voir l'emplacement réservé à son cercueil... Grand, fort, toujours à la chasse « sous la pluie ou dans la poussière », il ne se soucie guère de fatiguer ses officiers. Souvent, en pleine nuit, il mande sa « Chambre » et sa garde et part pour Rambouillet, « s'arrête en chemin, à un cabaret du village du Perray où il se plaît mieux qu'ailleurs ». Si, dans ces déplacements, les dames le suivent, il ne les regarde pas. « Il s'amuse à faire des malices à toutes sortes de gens, coupant les cravates, les chemises, les habits, arrachant les perruques et les cannes. » — « Il vient de raser les sourcils à trois de ses écuyers. » Son entourage s'inquiétant de ces dispositions, on l'a marié, à quinze ans, avec la princesse la plus pauvre d'Europe, la Polonaise Marie Leczinska, sans beauté, mais gracieuse, intelligente, et de sept ans plus âgée que le Roi. Voilà celui-ci tout de suite très amoureux de sa femme : avant d'atteindre ses vingt ans, il sera père de cinq enfants ; il en aura dix au total, dont le Dauphin et six filles survivront.

C'est alors un prince accompli, aussi vertueux qu'aimable, car la Reine l'a transformé. Il se montre pour elle plein d'attentions ; il cause avec entrain ; il est radieux, adore ses enfants, chasse, joue, voyage, ne manque jamais d'assister, chaque matin, à la messe, écoute des sermons, suit les grands offices et s'approche fréquemment des Sacrements. Le modèle des époux, des pères et des rois. Mais tant de maternités répétées ont fatigué la Reine : elle doit se ménager par ordre de la Faculté : et puis, si bonne, si vertueuse soit-elle, elle a commis, mal inspirée, la maladresse de s'occuper de politique. Les gens de Cour, toujours aux aguets, constatent un refroidissement dans la vie, jusqu'alors si unie, du couple royal. Louis XV s'ennuie; il est déçu, insoucieux de tout, désorienté. Il chasse avec frénésie, « espérant détourner par l'action les idées sombres »; il essaie du travail, installe une bibliothèque dans ses petits appartements, y fait établir un tour, s'y enferme, y lit, y fabrique des tabatières, fait de la tapisserie. Ou bien, désireux de se distraire, — tant de gens l'exhortent à ne point se priver des plaisirs de la vie! — il se promène le soir sur les toits du château, va surprendre par les lucarnes les personnes de sa Cour avec lesquelles il est particulièrement familier, descend chez l'une d'elles par la fenêtre, se penche sur les cheminées pour écouter les conversations qu'il interrompt en faisant la grosse voix : « Le Roi vous entend! » Dans un couloir de son appartement privé, il y a un escalier dérobé qu'utilisait jadis Louis XIV pour se rendre chez madame de Montespan. Louis XV, maintenant, va par là chez le comte et la comtesse de Toulouse, logés au rez-de-chaussée du château.

Il n'a pas gardé rancune de ses bouderies à son grand-oncle de Toulouse et souvent il est son hôte à Rambouillet. Sa grand'tante, toujours jolie et sémillante, malgré la quarantaine, lui plaît beaucoup; il est en confiance avec elle. D'ailleurs, très perspicace, très fine, elle s'inquiète de le voir retomber dans ses idées sombres et sa taciturnité et elle s'ingénie à l'amuser. Il retrouve chez elle des jeunes femmes charmantes, entre autres sa cousine Marie-Anne de Bourbon-Condé qu'on appelle *Mademoiselle* et les cinq sœurs de Nesle dont l'aînée, du même âge que le Roi, a épousé le comte de Mailly; la seconde est mariée au comte de Vintimille; la plus jeune, née en 1717, est marquise de la Tournelle ; les deux autres sont la duchesse de Brancas-Lauraguais et la marquise de Flavacourt.

Comme on se retrouve là presque quotidiennement, la réunion est sans façons : point d'étiquette, — ou presque ; nul cérémonial. Certain soir, par exemple, le Roi, qui n'a pas soupé, fait descendre de chez lui un bol de bouillon et un morceau de pain : c'est tout son repas qu'il prend en jouant. On est entre jeunes gens qui essaient de s'égayer, sans y parvenir souvent, tant l'ennui, l'ennui incurable, pèse sur ce merveilleux Versailles. L'irréprochable comtesse de Toulouse sert de chaperon et sauve le décorum ; *Mademoiselle*, « dédaigneuse de l'ordre et des convenances », serait moins prudente ; « elle a toute la hauteur des Condés à quoi s'est jointe par bâtardise la folie des Mortemart ». Elle est le boute-en-train de la bande. Un jour elle organise une partie : on viendra souper chez elle, clandestinement. Elle habite l'autre aile du château, du côté de l'Orangerie ; pour s'y rendre, c'est tout un voyage : aussi que de précautions ! Afin de détourner les soupçons, le Roi commande dans son appartement un souper pour quatre personnes : à l'heure fixée pour l'escapade, il dit à ses valets de chambre de manger ce souper et il s'esquive. Mais tous ces cabinets resteront éclairés de façon à laisser croire qu'il est chez lui. Chez *Mademoiselle*, au contraire, tout est éteint : le souper est servi dans ses entresols. Outre les dames habituées du salon de madame de Toulouse, elle a convié quelques gentilshommes de l'intimité du Roi. On attend durant trois quarts d'heure madame de Mailly, retenue chez la Reine dont elle est l'une des douze dames du palais. Le souper est très gai ; le Roi qui, depuis quelque temps, ne prend que du lait, boit, cette nuit-là, du vin de Champagne ; il ne se lève de table qu'à cinq heures du matin ; les gentilshommes l'accompagnent jusqu'à son appartement où il les retient pour jouer au trictrac ; à six heures il se rend à la chapelle, rentre se coucher et dort jusqu'à cinq heures de l'après-midi.

Sa dévotion, ses scrupules religieux le préservent encore : il est toujours exact aux « grands couverts » officiels et aux dîners chez la Reine ; il ne manque pas un soir à la cérémonie de son coucher ; mais l'habitude se prend d'une vie en partie double, l'une toute d'apparat et de régularité, l'autre, — non pas secrète ; rien n'est secret à Versailles, — mais discrètement semblable à celle que mènerait un riche particulier. Les petits soupers dans les appartements privés du Roi deviendront bientôt de tradition ; rien de ces orgies que se sont appliqués à décrire certains historiens, et non des moindres : bien au contraire ; dans ce royaume de l'étiquette, la plus petite dérogation aux usages revêt les formes d'un certain cérémonial. Quand il y a souper chez Sa Majesté, les candidats à cette faveur se réunissent dans la salle du Conseil ; tous, bien entendu, gens titrés, ayant les « grandes entrées » et charges à la Cour. L'heure venue, le Roi ouvre la porte de sa chambre et, du seuil, parcourt du regard le groupe ; puis, sans mot dire, il rentre chez lui, dicte la liste des convives qu'il a choisis et dont un huissier fait l'appel à haute voix. Les élus se glissent par les dégagements dans les arrière-cabinets ; les autres se représenteront demain dans l'espoir d'être plus heureux.

Douze ou quatorze commensaux, pas davantage ; les dames ont été prévenues d'avance ; ce sont presque toujours les mêmes. Il est rare que la causerie, si animée soit-elle, prenne le ton de la familiarité; aucun des convives n'oublie qu'il est en présence du maître; lui-même ne perd pas un instant la conscience de sa personnalité, et si les propos dévient vers des sujets intempestifs ou trop grivois, il y met fin en tapotant la table du bout de ses ongles et rappelle les causeurs à l'ordre par ces seuls mots : « Messieurs, le Roi! » Parfois il passe dans un petit réduit où il prépare lui-même le café; un soir, le prince de Dombes se chargea de confectionner une fricassée de poulet; mais cette fantaisie fut peu appréciée car il fallut attendre le plat durant une demi-heure. On prétend que le Roi, lui aussi, ne dédaignait pas de cuisiner : il serait, sauf réserves, le créateur de l'omelette aux pointes d'asperges.

En mentionnant ces petits faits qu'on pourrait facilement multiplier, on s'abstient ici de tout ordre chronologique, se contentant de noter des traits caractéristiques, indispensables à l'intelligibilité des scènes dont Rambouillet sera bientôt le théâtre. Le Roi est tenté, c'est certain; mais, bourrelé de scrupules, profondément imbu de la sublimité de son rôle, il lutte encore. Mais quoi! Il a vingt-sept ans; la Reine n'est ni jolie, ni adroite; non seulement elle ne sait pas le retenir, mais lasse de tant de grossesses périodiques, elle s'efforce de l'éloigner, sous prétexte de santé. Elle est très frileuse et « met des matelas sur elle »; de chacune de ses visites le Roi rentre chez lui « étouffant et tout en sueur »; et puis Marie Leczinska a peur des esprits; même quand le Roi est près d'elle, il faut qu'une femme « tienne la main de la Reine pendant toute la nuit et lui fasse des contes pour l'endormir ». Alors le mari songe aux aimables commensales de ses petits soupers, aux langoureuses agaceries de tant de beaux yeux qui le convoitent. Quand, en 1737, la Reine donna le jour à une fille, on vint demander au Roi par quel chiffre il faudrait désigner la nouveau-née; on sait, en effet, que les filles de France, en attendant leur baptême tardif, recevaient un numéro d'ordre : celle-ci était la dixième des enfants de Louis XV; mais comme trois de ces enfants n'avaient pas vécu, il fallait donc la nommer *Madame Septième*. « Ce sera *Madame dernière* », répondit brusquement le Roi. On raconte encore que, au cours d'un de ses soupers, dans la griserie des causeries et des vins, il parut émerger de sa mélancolie habituelle; il leva son verre « et porta cette santé mystérieuse : A l'inconnue! » Le cristal se brisa dans ses doigts; l'historien qui rapporte cette anecdote ajoute : « Ses beaux yeux ne cherchaient point d'autres yeux; mais sous les corsages diamantés, bien des cœurs battaient, haletants. »

Le 6 février de cette année 1737, Louis XV soupa, mais non en galante compagnie, chez le comte de Toulouse, à Versailles. Souper de gala. Le comte, comme c'était son droit et son devoir, essaya de servir le Roi; mais sa santé chancelante l'obligea bientôt à se retirer dans sa chambre et son fils, le duc de Penthièvre, le remplaça dans cette fonction honorable, assisté, — car il n'avait que douze ans, — par le comte d'Hautefort, premier écuyer du comte de Toulouse. L'état de celui-ci empira : on l'avait, vingt-six ans auparavant, opéré de la pierre et le mal reparaissait maintenant, sans que la

Faculté osât tenter une nouvelle intervention chirurgicale. Le comte de Toulouse mourut le 1er décembre; il exigeait, par son testament, d'être inhumé, sans aucune cérémonie, comme un pauvre, dans l'église de Rambouillet. Ainsi finit « très haut, très puissant et très excellent prince Louis-Alexandre de Bourbon, prince légitimé de France, duc de Penthièvre, de Châteauvillain et de Rambouillet, marquis d'Albert, commandeur des ordres du Roi, lieutenant général de ses armées, chevalier de la Toison d'or, gouverneur et lieutenant général pour Sa Majesté dans sa province de Bretagne, pair, amiral et Grand Veneur de France »...

Cette mort était un deuil pour Louis XV, — un deuil et une gêne, car, depuis trois ans, il venait souvent chasser et coucher à Rambouillet durant la saison d'été. La comtesse de Toulouse, dont la douleur était réelle, quitta son château pour se fixer à Buc, d'abord, et plus tard à Louveciennes où le Roi lui concéda un pavillon dépendant du domaine. A l'égard du jeune duc de Penthièvre, il se montra d'une munificence insolite, en lui conservant toutes les fonctions et charges que son père avait occupées : comme il n'était pas en âge de les exercer, le prince de Dombes était chargé de l'intérim du Grand Veneur, le duc d'Orléans du gouvernement de Bretagne; le Roi ordonnait, en outre, que les gendarmes et les chevau-légers rendraient au fils du comte de Toulouse les mêmes honneurs qu'à Sa Majesté elle-même et que l'orphelin aurait le droit de servir le Roi à table et de « lui présenter le pied », — le pied du cerf, — au jour de la Saint-Hubert. Enfin, par grâce suprême, Louis XV lui fit don du *passe-partout* dans un étui fabriqué par sa

main royale : l'étui ne valait rien, car les ouvrages sortant
du tour du Roi ne consistaient qu'en informes morceaux
de bois encore revêtus d'écorce ; mais le *passe-partout*
constituait la plus grande preuve de confiance qu'un
favori pût recevoir : c'était une clef ouvrant les portes
du cabinet du Conseil, de la chambre à coucher du Roi,
du cabinet des perruques, du salon ovale, bref de tout
l'appartement où Sa Majesté se tenait ordinairement...
Ce n'était là, sans doute, qu'un symbole, car personne
ne dut jamais employer pareil talisman.

On se reprocherait de porter un jugement téméraire
contre un roi dont la mémoire est déjà lourdement chargée,
mais il semble bien que ces attentions envers la veuve et
le fils du comte de Toulouse n'étaient pas, peut-être,
désintéressées : le Roi ne pouvait plus se passer de
Rambouillet ; cette « délicieuse Thébaïde » lui plaisait
« pour s'y délasser des fatigues d'une Cour importune
et pour n'être plus monarque ». L'obligation de soustraire
sa dissipation aux curiosités du public allait lui rendre
ce séjour indispensable.

Il y reparut le 27 mai 1738. La comtesse de Toulouse
s'y était rendue afin de l'y attendre : elle y rentrait pour
la première fois depuis la mort de son mari. En recevant
le Roi, elle éclata en sanglots et s'évanouit. Un témoin
de cette scène touchante rapportait que, en pareil cas,
« Louis XV était fort gauche et tout interdit » ; de son
propre aveu il était incapable de formuler des condo-
léances « parce qu'il était saisi lui-même lorsqu'il voyait
des gens dans une grande affliction ». Il se remit cependant pour courre le cerf et rentra à Versailles le 29. Il
revint à Rambouillet le 16 juin, amenant plusieurs dames :

Mademoiselle, mesdames de Chalais, de Rochechouart, d'Épernon, de Beuvron et... l'une des cinq sœurs de Nesles, madame de Mailly. Le voyage fut brillant et le Roi commanda que les choses se passeraient comme du temps où vivait le comte de Toulouse, c'est-à-dire que Saint-Quentin, majordome de la comtesse, ferait l'avance de tous les frais que rembourserait la cassette royale.

La dépense est considérable; Saint-Quentin estime qu'elle s'élève, pour les trois jours, — du dimanche au mercredi, — à 12 000 livres « parce qu'il y a plus de cinq cents personnes à traiter ». Il ne s'agit là, évidemment que de la nourriture, car le déplacement coûte beaucoup plus : un membre de la famille royale ne peut excursionner sans obérer le trésor : quand on ramena l'une des filles de Louis XV, madame Victoire, de Fontevrault où elle avait été élevée, à Versailles où elle allait vivre, les frais du voyage de cette fillette, — soixante-douze lieues, — montèrent à près de 900 000 livres, — plus de 12 000 francs par lieue!

A Rambouillet la table du Roi est de vingt et un couverts : toutes les dames y mangent et les places vacantes sont occupées par des hommes dont le duc de Penthièvre présente la liste : c'est lui aussi qui annonce au Roi que le souper est prêt, qui le sert à table, et, quand on joue, lui présente les cartes et « tire les places ». Le mardi on ne chassa point et il y eut ce que l'on appelle le *pot royal;* mais seulement le Petit pot. « C'est un déjeuner que l'on sert sur plusieurs tables de jeu, — quadrille ou piquet, — et qui se prolonge quelquefois durant trois ou quatre heures. » Un livre de cuisine du temps indique la recette du *pot royal;* ce mets se compose d'un jambon, d'un faisan, de deux perdrix, d'un collet de mouton, d'un lapereau, de gros ailerons de dinde, de saucisses, de tranches de bœuf, de veau et de lard, cuits ensemble durant huit heures sur des cendres chaudes... Ça, c'est le *petit pot*. « Lorsque c'est le *grand pot*, note le duc de Luynes, il n'y a pas de liste : tous les hommes et toutes les femmes qui désirent manger se présentent et le Roi leur ordonne de se mettre à table. » Cette explication demeure assez peu claire pour les profanes que nous sommes; nous pouvons en conclure cependant qu'on profitait des séjours à Rambouillet pour donner des entorses à l'étiquette et que ces gens de Cour, morts d'ennui, se divertissaient bien singulièrement. Déjà, du temps de Louis XIV, qui pourtant ne plaisantait pas avec la représentation, quand on dînait en petit comité, s'était établi un usage fort déconcertant : le grand Roi, très adroit, s'amusait « à jeter des boulettes de pain aux dames et permettait qu'elles lui en jetassent toutes ». Dans l'ardeur du combat, on se bombardait à travers la table, de toutes les munitions qu'on trouvait à portée de sa main, les pommes, les oranges. Une fille d'honneur de la princesse de Conti, à qui le Roi avait fait un peu mal en lui lançant une boulette, riposta par une salade tout assaisonnée...

En juillet 1738, nouveau voyage de Louis XV à Rambouillet : madame de Mailly en fait partie... Le Roi la ramène à Versailles dans sa voiture; il y a souper, le soir, dans les petits appartements : madame de Mailly y assiste. Plus de doute. « Souper peu gai mais assez long »; en quittant la table, à six heures du matin, le Roi va entendre la messe à la chapelle, puis se met au lit jusqu'à quatre heures de l'après-midi. Il devait passer la nuit suivante chez la Reine; mais il se décommanda...

On imagine l'agitation que de tels « événements » suscitaient à Versailles : le renvoi d'un ministre, l'exil d'un parlement, une déclaration de guerre n'auraient point occasionné pareille sensation. Tout le monde *savait;* mais on n'osait encore émettre une opinion, hasarder une critique ou une approbation. Le duc de Luynes, qui, pourtant, est du « parti de la Reine », n'ose confier à son journal, — que, avant cent vingt-deux ans, nul ne doit lire, — le nom de la nouvelle favorite : « Il y a une dame qui... on prétend avoir remarqué... la personne dont il est question... » Quand on apprit que le Roi différait de trois jours son départ annuel pour Compiègne, parce que *la dame* ne pouvait s'absenter avant d'avoir terminé sa semaine de service auprès de la Reine, on ne douta plus qu'on allait revoir « une nouvelle Maintenon ». A Paris même les bourgeois s'émouvaient. Barbier notait : « Quoiqu'elle ne soit pas la maîtresse déclarée, la chose est publique... » Certains affirmaient que *ça* durait depuis bien longtemps : cette liaison remontait, disaient-ils, à 1736, peut-être à 1733... La Reine elle-même, qui eût dû être la dernière informée, était déjà au courant de tout, puisque, quand *la dame,* son service terminé, lui demanda la permission de partir pour Compiègne, Marie Leczinska lui répondit : *Faites ce que vous voudrez, vous êtes la maîtresse,* mot à double entente qui fut commenté. Quant au duc de Luynes, il était perplexe : « On a peine, écrivait-il dans son journal, on a peine à concilier ces idées avec ce que nous voyons de piété, de régularité et attentions édifiantes. Il faut un peu plus de temps pour juger si ces discours ont quelque fondement. Des gens ont remarqué que l'on ne pouvait pas prononcer le nom de *la personne* devant le Roi sans qu'il rougît et l'on dit aujourd'hui qu'il la nomme lui-même sans embarras. »

On s'étend ici quelque peu sur la chronique des premiers libertinages de Louis XV parce qu'elle touche de très près à l'histoire de Rambouillet. Le château des honnêtes et prudes d'Angennes, du sévère Alceste-Montausier, est devenu le lieu d'asile des frasques amoureuses du Roi. La comtesse de Toulouse, si vertueuse, si fidèle au souvenir du mari qu'elle a aimé, consent à couvrir ce scandale et ceci ne se comprend guère. C'est dans son salon que Louis XV a connu les cinq sœurs de Nesles; c'est son château qui, elle présente, abrite ces dérèglements. Bien plus, elle y prête les mains et, comme l'appartement royal n'est pas aménagé pour un tel usage, elle consent que le Roi le modifie et y pratique des changements afin de communiquer facilement avec sa maîtresse. Il convoque son premier architecte, Gabriel; celui-ci reçoit l'ordre d'annexer à l'appartement du Roi un entresol destiné jusqu'alors au premier valet de chambre et de pratiquer pour celui-ci un autre appartement, également entresolé, dans une pièce touchant au logement de *Mademoiselle*. On saura bientôt que, dès septembre 1739, madame de Mailly occupe à Rambouillet « un logement joignant celui que le Roi s'était réservé au-dessus de ses cabinets »; c'est évidemment l'entresol dont on a dépossédé le valet de chambre et, malgré la discrétion exigée pour ces sortes de travaux, le bruit se répandra, un an plus tard seulement, que

« cet entresol est accommodé avec beaucoup de goût et de magnificence » et qu'on a disposé, au-dessous, « une garde-robe de commodité extrêmement jolie ». Pour sa part, Louis XV a fait rajeunir la décoration de son appartement; les boiseries en sont revêtues « d'un nouveau vernis d'une couleur plus claire et plus agréable que l'ancien et qui donne plus de gaîté »; on a créé aussi « un cabinet nouveau dans une tour où était anciennement la chaise percée de Sa Majesté ».

Tout cela est pour nous grimoire : cette tour ne peut être que la tour du sud, la seule des trois encore existantes qui n'a pas été modifiée dans son gros œuvre depuis le moyen âge. C'est donc que Louis XV habitait encore la partie ancienne du château, celle qu'avait occupée Louis XIV; dans ce cas quel emplacement doit-on attribuer à l'entresol de madame de Mailly où devrait subsister tout au moins quelque vestige de cette décoration dont les contemporains vantaient la magnificence? On n'aperçoit, dans cette partie du château, qu'une seule pièce entresolée, et cet entresol est un étroit grenier, presque sans jour, inhabitable, où sont accumulées de vieilles batteries de cuisine. Ce petit problème de topographie paraît donc insoluble et si certains jugeaient puéril qu'on s'en affligeât, c'est qu'ils n'ont jamais été touchés par l'énigme des vieilles demeures et qu'ils ignorent le plaisir de les interroger dans l'espoir, trop souvent déçu, qu'elles nous révéleront leurs secrets.

Il serait sans intérêt d'énumérer tous les séjours à Rambouillet du roi Louis XV, désireux de s'isoler avec madame de Mailly. Les Mémoires du duc de Luynes mentionnent les dates de ces voyages ; dans l'été de 1739, ils se renouvellent trois ou quatre fois par mois ; en 1740 et 1741 ils sont également très fréquents : leur durée est ordinairement de deux jours ; et qu'on n'imagine pas que ces excursions ressemblent à des escapades clandestines ; quand le roi de France se déplace, fût-ce pour aller à Choisy, à Marly ou à Trianon, c'est un branle-bas qui mobilise une foule. On a vu déjà que, à Rambouillet, chacune de ses visites entraîne la nécessité d'héberger et de nourrir cinq cents personnes ; dans ce nombre comptent les piqueurs, les valets de chiens, les écuyers, palefreniers, officiers de vénerie ou gens d'écurie qui sont à demeure pendant la saison des chasses et dont la subsistance est à la charge du duc de Penthièvre tant que le Roi n'est pas là. Lorsqu'il arrive, c'est avec un renfort de gardes du corps, de mousquetaires gris ou noirs, de chevau-légers, de gendarmes, sans parler des « relais » et du service de « la Bouche » dont les *sommiers*, au nombre de douze au moins, sont chargés « de porter à cheval, derrière eux, une cantine pour les haltes du Roi ». Dans ces conditions, tout incognito est chimère. Néanmoins Louis XV se figure que, à Rambouillet, sa faute est à moitié cachée ; il n'a pas su encore se faire un front qui ne rougit jamais ; les remords le tourmentent. Versailles lui pèse : c'est là qu'est le devoir, c'est là que sont la Reine qu'il néglige, ses enfants qu'il craint de scandaliser et dont la candeur lui fait honte ; même cette chapelle, voisine de son appartement et où l'étiquette l'oblige à se montrer chaque jour, réveille ses scrupules religieux en lui rappelant les prières de son temps d'innocence. C'est tout cela qu'il fuit dans cette prétentaine incessante, espérant découvrir l'asile lointain où il pourra vivre comme s'il n'était pas roi.

Ce n'est pas qu'il puisse oublier son rang; tout le lui rappelle : à ces soupers de Rambouillet le cérémonial le poursuit encore : on les sert, bien probablement, dans cette salle de forme pentagonale qu'on désigne aujour-d'hui aux visiteurs du château comme ayant été la salle à manger de Louis XV. C'est la première pièce de l'appartement d'assemblée. Dans le but d'abolir les rivalités de préséance et, peut-être, de pouvoir, sans algarade, choisir ses voisines de table, le Roi a permis des dérogations à l'usage : ainsi il est de règle, à la Cour, que jamais, à moins qu'il ne joue ou que le Roi l'ordonne, aucun homme ne peut s'asseoir en sa présence : à Marly, les dames, en soupant avec lui, ont des tabourets; à Versailles, chez la Reine, rien que des pliants. Ici tous les convives, hommes et femmes, ont des *chaises à dos;* les princesses mêmes ne bénéficient d'aucune distinction. Le duc de Luynes qui vit, un jour, « l'aménagement du souper » remarqua que « *Mademoiselle* était à la droite du Roi et la comtesse de Mailly à sa gauche ».

Autre bouleversement : quand le Roi rentre de la chasse, on supprime à Rambouillet la cérémonie du *débotté* qui tient une place si importante dans la vie de Versailles. Quant à celles du *lever* et du *coucher*, nul n'en parle et l'on peut supposer qu'on ne pouvait s'y soustraire, mais, vu les aménagements du château de la comtesse de Toulouse et le petit nombre de courtisans qu'y amène le Roi, ce traditionnel cérémonial s'y réduit à une simple formalité.

Tristes parties de plaisir, en somme : le Roi n'est pas

« causeur »; souvent il sombre en ses noires humeurs.
Presque tout le jour il est à la chasse, ce qui le dispense
de parler; les dames l'y suivent en calèche, qu'elles y
trouvent ou non de l'agrément. Le soir, après le souper,
on joue à cavagnole, à dame rose, au reversis, à l'hombre,
au papillon. Le matin on va entendre la messe à la paroisse
du bourg; un jour, le Roi s'y trouve mal; pris de nausée,
il doit quitter l'église pendant l'élévation, ce qui ne
l'empêche pas d'aller l'après-midi à la chasse. En juin
1740, la marquise de Sourches, femme de sévère vertu
et de fervente piété qui habite à demeure le château,
tombe subitement malade et si gravement, qu'elle réclame,
à l'heure où l'on avertissait pour le souper, les secours de
la religion. Le Roi va à la paroisse, chercher le Saint-
Sacrement, le suit jusqu'à la chambre de la malade, et,
après avoir attendu dans l'antichambre, le reconduit
pieusement jusqu'à la paroisse où il reçoit la bénédiction.
Il revint ensuite se mettre à table. Le lendemain il rentrait à Versailles pour en repartir deux jours plus tard;
mais, comme l'état de madame de Sourches empirait,
au lieu d'aller à Rambouillet, il s'installa à Saint-Léger
qui en est éloigné de deux lieues. Le duc de Penthièvre
possédait là un château, « vilaine petite maison de chasse
bâtie au temps de Charles IX, dans un fond sauvage,
en plein bois ». Cette solitude devait plaire à Louis XV.
Il n'y avait amené que deux dames, madame de Mailly
et sa sœur madame de Vintimille.

Madame de Mailly n'était pas belle; madame de Vintimille était laide : « une tête de grenadier », mais un cœur
ardent. Elle avait été mariée, en septembre 1739, par les
soins de *Mademoiselle* dont l'intervention n'avait pas été

heureuse, car M. de Vintimille quitta sa femme au bout de quelques semaines, disant « qu'elle puait comme un diable »; il la surnommait « son petit bouc ». Confidente des amours de son aînée, cette impétueuse personne s'était prise pour le Roi d'une irrésistible passion. Il s'en avisa, fut touché; elle devint sa seconde maîtresse. Madame de Mailly accepta cette concurrence, car il est impossible qu'elle n'en fût pas instruite; désormais madame de Vintimille sera des voyages de Rambouillet avec sa sœur, et l'on n'aperçoit pas que cette délicate situation ait suscité des orages. On les nomme souvent suivant la chasse du Roi dans la même calèche, soupant toutes deux en sa compagnie. Parfois même, madame de Vintimille part seule avec lui, quand madame de Mailly est retenue par son service auprès de la Reine. Le drame, du reste, était proche : le 7 septembre 1741, à Versailles, la marquise de Vintimille, sur le point d'être mère, fut atteinte de fièvre; on la saigna à minuit. Le Roi, qui soupait au grand couvert, quitta la table pour se rendre auprès d'elle où il resta jusqu'à deux heures du matin. Le 8, à son réveil, vers dix heures, au premier qui entra dans sa chambre, il s'informa des nouvelles. Apprenant qu'elles étaient « mauvaises », il comprit, « se tourna de l'autre côté et s'enferma dans ses rideaux ». Madame de Vintimille était morte à sept heures du matin.

Le service était consterné, le Roi ne bougeait pas. Que faire? Comme on se risquait à lui demander l'ordre pour la messe, il commanda qu'on la dît dans sa chambre, mais il ne sortit pas de son lit. La Reine vint par deux fois pour le voir; elle ne fut pas reçue. A cinq heures du soir, les deux portes de l'antichambre de l'Œil-de-bœuf étaient encore fermées comme d'ordinaire avant le réveil du Roi. Seul son premier valet de chambre avait pénétré chez lui. Le programme de la journée comportait une chasse à Saint-Léger : il y eut contre-ordre et les gardes du corps qui devaient accompagner Sa Majesté rentrèrent à leur quartier. Mais peu après on les rappela. Vers cinq heures le Roi, enfin levé et habillé, était sorti de sa chambre pour descendre, par son petit escalier, chez la comtesse de Toulouse. Il y trouva madame de Mailly « dans un désespoir déchirant »; on les laissa seuls ensemble. Puis le Roi décida qu'il irait coucher à Saint-Léger et qu'il y séjournerait : la comtesse de Toulouse et le duc de Penthièvre partirent aussitôt pour l'y recevoir, et Louis XV s'y rendit dans la soirée, emmenant seulement trois gentilshommes.

Pendant ce temps, le corps de la défunte était porté, enveloppé d'un simple linceul, à l'hôtel de Villeroy et abandonné par les laquais chargés de le veiller. La foule s'ameuta : on riait, on chantait que celle-là était une vilaine femme qui avait pris le Roi à sa sœur. On tira même des pétards sur le pauvre corps, « on lui fit d'indignes traitements »... Il fut inhumé, le 10, dans la chapelle Saint-Louis de l'église des Récollets. Un trait touchant de ce triste épisode : le jour où la marquise mourut, la sainte reine Marie Leczinska contremanda les musiciens qui devaient donner chez elle un concert.

Le séjour à Saint-Léger fut lugubre. Arrivé dans cet ermitage sylvestre le samedi soir, le Roi se coucha sans souper. Le dimanche, accablé, il ne mangea pas davantage; le jour suivant, on le décida à courre un cerf; mais il suivit la chasse d'un air absent et sans dire un mot;

il ne répondit même pas quand on lui demanda l'ordre pour l'attaque. Madame de Mailly, « toujours dans un grand abattement », accompagnait en calèche les veneurs. Ainsi se passa la semaine; Louis XV ne reparut à Versailles que le samedi, désemparé, morne, silencieux; il demeura quelque temps dans le cabinet des perruques. sans parler à personne, fit dire à la Reine qu'il ne souperait point, rentra seul chez lui et se coucha tôt. Le dimanche, 17, il se rendit à la chapelle, entendit la messe, dîna au petit couvert, « l'air sérieux et causant fort peu ». Madame de Mailly, toujours éplorée, était allée aux Récollets pour une messe célébrée sur le tombeau de sa sœur; elle déclara qu'elle y retournerait tous les jours. Le lendemain, le Roi repartait pour Saint-Léger; il menait avec lui la sœur de la morte et cinq ou six intimes. Sa douleur ne s'apaisait pas; un soir, à son petit coucher, il eut avec M. de Gesvres une conversation « entrecoupée de soupirs ». Il avait apporté les papiers de la marquise de Vintimille et n'y trouvait, dit-il, « rien que de très bien et de très convenable; on prétendait à tort qu'elle était méchante ». Il ne joua qu'au trictrac et parla beaucoup de « religion »; son thème était qu'il faut souffrir; que lui devait souffrir plus que d'autres car « il n'y a rien de pire que le scandale ». Au reste, il se plaisait beaucoup à Saint-Léger. Comme le château était fort petit, ses gentilshommes allaient coucher à Rambouillet.

Le Roi revint pour deux jours à Versailles; il parut « très changé »; on fut frappé de sa mauvaise mine, de son air maladif et aussi de sa mélancolie et de sa douceur, voisine de l'humilité. A quelqu'un qui sollicitait une audience, il fit répondre : « Mandez-lui que je suis bien fâché de n'être pas en état de le voir, et que *je lui en demande bien pardon.* » On discernait « qu'il y avait dans son esprit un grand combat »; au vrai, il était torturé du remords « d'avoir peut-être aidé à la damnation de la femme tant aimée ». — « Ne peut-on pas, gémissait-il, avoir de la religion et continuer à me voir, aller à la chasse et souper avec moi? » Obsédé par ces idées sombres il se retira encore à Saint-Léger. Il préférait à Versailles cette modeste maison qu'enserrait de toutes parts la grande forêt; il y séjourna, — sauf quelques brèves apparitions à la Cour, — jusqu'au 11 octobre, et, durant l'hiver et les dix premiers mois de l'année suivante, il y revint fréquemment. Il paraissait renoncer à Rambouillet que hantaient de trop douloureux souvenirs.

Et puis... en novembre 1742, un peu plus d'un an après le décès qui l'avait tant frappé, madame de Mailly commit l'imprudence de lui présenter sa plus jeune sœur, la marquise de la Tournelle, d'une beauté rayonnante, celle-ci, et veuve depuis deux ans. L'hypocondrie du Roi fut subitement guérie : chaque soir il se rendait, « seul, couvert d'un surtout et coiffé d'une perruque sur ses papillotes », chez cette aguichante mais revêche personne et y restait deux ou trois heures. Et bientôt Rambouillet le revoit avec sa nouvelle conquête : celle-ci a posé ses conditions et exigé le renvoi de sa sœur de Mailly; elle prend donc possession du luxueux entresol; elle y amène ses deux autres sœurs, madame de Lauraguais et madame de Flavacourt, et les petits soupers recommencent, avec cette aggravation qu'on y néglige de plus en plus le cérémonial. La comtesse de Toulouse n'y paraît guère; elle quitte rarement son appartement de Versailles et son bel hôtel de Paris (la Banque de France actuelle). Peut-être n'approuve-t-elle pas, bien qu'elle s'en taise, le sans-façon du Roi et l'usage un peu trop libre auquel il consacre le château de Rambouillet. Le duc de Penthièvre l'habite de temps à autre; mais il est célibataire et on ne se gêne pas; aussi voit-on *les trois sœurs* suivre les chasses en voiture. Elles n'imposent pas; les gens, sans gêne, eux aussi, les désignent par des sobriquets : madame de la Tournelle est *la princesse;* madame de Lauraguais est *la réjouie;* madame de Flavacourt est *la poule.* Au passage de ces grandes dames qui n'inspiraient plus le respect, germaient, dans l'esprit du peuple, des idées encore inconsciemment révolutionnaires qui devaient éclore cinquante ans plus tard. Un soir de jour maigre le Roi attend, avec ses amies, que minuit sonne pour se mettre à table et manger gras; — c'est le *medianoche.* Un autre jour il est venu, toujours avec « les trois sœurs » et sans aucune suite : c'est M. de Gambard, gouverneur de Rambouillet, qui fournit le souper et sert à table... Le Roi de France se dégrade.

On s'exposerait à des redites en poursuivant le récit de cette royale déchéance. D'ailleurs, après Fontenoy qui fut son jour de gloire, Louis XV fréquentera plus rarement à Rambouillet : il a acheté Choisy; il aura bientôt Saint-Hubert qu'il fera construire au bord des étangs, dans cette région de Saint-Léger qu'il affectionne; là, il sera chez lui, dans un château, sorte de temple dédié à la vénerie : un grand salon que Coustou, Pigalle, Falconet et Verberckt ont décoré d'une image de Diane et d'attributs cynégétiques, têtes de loups, de sangliers, de chiens; — à la chapelle, sur l'autel, un Saint-Hubert de Carle Vanloo... De cette belle demeure, créée par Gabriel, il ne reste rien qu'un mur de terrasse verdi qui domine l'étang de Poura; mais quand on fouille le terrain où s'élevaient les vastes dépendances du château, on exhume des amoncellements de vaisselle brisée, d'assiettes communes au marli bleu et portant les lettres S. H. surmontées de la couronne royale.

V

LE PRINCE DES PAUVRES

Le duc de Penthièvre. — Ses deuils. — Sa charité. — Mademoiselle de
Penthièvre, riche héritière. — Son mariage. — La princesse de Lamballe.
— Le pavillon des coquillages.

Le duc de Penthièvre épousa en janvier 1745 Marie-
Thérèse-Félicité d'Este, fille du duc de Modène. Un an
plus tard leur naissait un fils, auquel on donna le titre de
duc de Rambouillet, qui mourut en bas âge : des six
autres enfants nés de ce mariage, deux seulement devaient
vivre : une fille, mademoiselle de Penthièvre, — et un fils,
le prince de Lamballe. La duchesse de Penthièvre mourut
de sa dernière couche, au printemps de 1754, et son mari,
qui l'aimait passionnément, s'enfuit de Rambouillet, ne
pouvant supporter le voisinage de l'église du bourg dont,
en dix ans, les caveaux avaient reçu les corps de sa
femme et de cinq de ses enfants. Il se retira, avec sa mère,
la comtesse de Toulouse, dans une terre qu'il possédait
près de Thomery, au bord de la Seine, et qu'on appelait
La Rivière.

La noble figure de ce prince, vertueux ettendre, con-traste singulièrement avec les dévergondés de la Cour et les ambitieux mesquins ou insatiables agenouillés devant les maîtresses du Roi. Son enfance a été sérieuse et délicate : comme il devait succéder à son père dans la charge de grand amiral, son précepteur, le marquis de Pardaillan, a fait lancer sur les canaux de Rambouillet une flottille en miniature ; « le petit prince montait aux mâts, conduisait les manœuvres, tirait le canon et, au besoin, se sauvait héroïquement à la nage, son épée à la main ». Le résultat de cet enseignement pratique fut déplorable : autant le jeune marin se gaudissait à pour-suivre un navire ennemi depuis le Rondeau jusqu'au Miroir, autant la difficulté lui parut redoutable quand il s'agit de sortir des passes de Brest pour affronter l'Océan ; il prit la mer en dégoût, ce qui, pour un grand amiral de France, est un sérieux empêchement. La charge de Grand Veneur ne lui convenait pas davantage : il n'aimait pas la chasse ; de nature douce et patiente, il ne se plaisait qu'à la pêche et aux soins du jardinage. Quand, héritier de ses cousins, les fils du duc du Maine, il se trouva possesseur de tous les apanages, de toutes les terres, de tous les châteaux dont Louis XIV avait comblé ses légi-timés, et qu'il fut devenu ainsi l'homme le plus riche de France il eut une autre passion : la charité. Sa mère avait fondé, à Rambouillet, un hôpital qui existe encore et qui, en dépit des révolutions, porte toujours à son fronton le nom de sa bienfaitrice ; le duc de Penthièvre continua ces fondations charitables : il aimait et respec-tait les pauvres, dont il se disait le prince ; il pourvoyait à leurs besoins, s'occupait d'eux ; leur misère était sa hantise et quand il leur faisait l'aumône, il disait tout bas : « Je vous remercie. » Son entourage immédiat bénéficiait de sa douce philanthropie; on cite de ce prince un trait caractéristique : comme certains hommes que de grandes désillusions ont apaisés, il avait le goût de l'horlogerie et gardait, rangée sur un guéridon, dans sa chambre, une collection de montres qu'il s'amusait à régler et à surveiller, afin d'obtenir d'elles une concordance de mouvement aussi parfaite que possible. Un valet, par mégarde, renversa la table et, dans un grand fracas, toutes les montres s'éparpillèrent sur le parquet. Le maladroit, désespéré, s'excusait : « Ne vous inquiétez pas, lui dit le prince, c'est la première fois qu'elles seront allées toutes ensemble. »

Après un court séjour à Versailles, une visite aux caveaux funéraires de Rambouillet, un pèlerinage à Chartres pour satisfaire au vœu de sa chère morte, le duc de Penthièvre, inconsolable, part pour l'Italie et y reste durant près d'un an. A son retour, en avril 1755, son affliction est aussi vive qu'au premier jour; il renonce à la Cour et ne veut plus y paraître qu'à l'occasion des cérémonies religieuses. Il va, pendant des années, traîner sa tristesse de châteaux en châteaux, et il en a! Il possède Aumale, Chanteloup, Armainvilliers, La Rivière, Gisors, Anet, Eu, Bisy, Dreux, Sceaux, Lamballe, Crécy-en-Thimerais, qu'il cédera à madame de Pompadour, et celle-ci y construira, « à force de millions », une demeure royale au moyen des matériaux de l'aqueduc abandonné que Louis XIV destinait à conduire jusqu'à Versailles les eaux de l'Eure. Qu'on imagine un château, presque aussi vaste que celui de Compiègne, avec grand salon de stuc, longue et imposante galerie, et des dépendances à loger une armée de courtisans et de serviteurs. Même la favorite avait acquis « des châteaux voisins », pour les détruire et « faire des points de vue ». Le duc de Croÿ qui visita Crécy, en septembre 1760, note que le duc de Penthièvre servait à madame de Pompadour 100 000 livres de rentes, ce qui paraît inexplicable, à moins de supposer que cette fastueuse demeure dût lui revenir après le décès de la marquise. Quant au vertueux prince, il ne s'était réservé, dans cette folie, que l'entretien d'un hôpital comportant une cinquantaine de lits, et tout compte fait, ajoute Croÿ, l'honneur d'avoir la maîtresse du Roi pour locataire « lui coûtait bon ».

En quittant cette exorbitante résidence, le duc de Penthièvre va méditer à la Trappe ; il y a son appartement et s'y retire de temps à autre, s'astreignant au sévère régime des moines. A vrai dire c'est « un saint » ; même avant d'hériter de ses cousins du Maine, il consacre annuellement à ses charités une somme de deux à trois cent mille francs, — le cinquième de ses revenus. Son train, à Rambouillet, est des plus modestes : cent vingt chevaux dont six seulement de selle ; il n'a, dans le château et ses dépendances, pour son service, celui de son fils le prince de Lamballe et de sa fille mademoiselle de Penthièvre, que cent vingt-trois personnes, ce qui, pour l'époque, paraît misérable. Il construira une chapelle dans les locaux de l'hôpital fondé par sa mère et créera des ateliers de bienfaisance : les garçons y carderont de la laine ; les filles y fabriqueront de la dentelle ; et c'est lui encore qui transformera en oratoire le premier étage de la tourelle de l'ouest, de plain-pied avec la salle à manger, où s'étaient tenus les petits soupers de Louis XV. Cet oratoire fut consacré, le 31 juillet 1772, par l'évêque de Chartres qui, le même jour, y célébra la messe.

Malgré son goût pour la retraite, le duc de Penthièvre s'était « radonné » à la Cour, dans l'intérêt de son fils qui, à vingt ans, épousait à Turin, une charmante princesse de Savoie, Marie-Thérèse-Louise de Carignan. « Le ciel nous a envoyé, pour l'honneur et l'embellissement de la France, la plus belle rose du Piémont. » Ainsi les habitants de Rambouillet louangeaient-ils leur nouvelle châtelaine. Compliments hasardés, car la rose du Piémont épousait un homme usé jusqu'aux moelles par le libertinage...

Restait maintenant à établir mademoiselle de Penthièvre. On peut croire que les épouseurs ne manquaient pas : seize ans, très jolie, douce, instruite, intelligente, destinée à être prodigieusement riche, si, comme on le prévoit, le prince de Lamballe meurt sans enfants, mademoiselle de Penthièvre doit, en outre, hériter, après le décès de son père, d'immenses domaines qui s'étendent jusqu'en Espagne et en Italie. Dès 1768, — alors qu'elle avait quinze ans, — le duc d'Orléans rêvait de ce mariage pour son fils le duc de Chartres ; le prince de Condé désirait vivement que son fils, le duc de Bourbon, ne laissât pas échapper une personne de si bel avenir : la lutte s'engagea entre ces deux puissances, lutte fertile en péripéties qu'a relatées le baron de Besenval. Le duc d'Orléans, imbu des vieilles rancunes de sa famille contre les bâtards de Louis XIV, considérait un peu l'union projetée comme une mésalliance ; d'autant que le prince de Lamballe, quoique déjà très bas, n'étant pas encore mort à l'époque où s'engagèrent les premiers pourparlers, son existence réduisait de beaucoup les agréments pécuniaires de sa jeune sœur. Néanmoins celle-ci était « retenue » par les d'Orléans; Louis XV avait même donné son assentiment à ce mariage, quand un mieux apparent dans l'état du prince de Lamballe remit tout en question; le duc de Chartres retira sa demande, car l'honnête duc de Penthièvre, ne supportant pas que sa fille fût épousée pour son argent, déclara qu'il ne lui assurait que cinquante mille écus de rentes. Les Condés vont donc l'emporter quand M. de Choiseul, premier ministre, jugeant qu'un mariage avec le second prince du sang n'est pas digne d'une si aimable héritière, sachant, d'ailleurs, que les jours du prince de Lamballe sont comptés, conçoit le projet de la réserver pour le petit-fils du Roi, le comte d'Artois. Louis XV repousse cette proposition : sur quoi Lamballe meurt, sans postérité, après neuf mois de mariage et la situation se dessine : le duc de Bourbon maintient énergiquement sa candidature; le duc de Chartres repose la sienne, sans vergogne, et c'est lui qui l'emporte. Mademoiselle de Penthièvre ne l'avait vu qu'une fois : il lui avait donné la main pour l'aider à monter en carrosse; il lui avait plu et elle déclarait qu'elle l'aurait pour époux ou s'enfermerait dans un couvent. Le mariage fut célébré en mai 1769; jointe à la fortune des Toulouse, celle des d'Orléans devait s'élever à plus de six millions de rentes, supérieure de beaucoup à celle des princes mêmes de la branche régnante. Le premier enfant de cette richissime union fut baptisé Louis-Philippe : dans plus d'un demi-siècle, gros d'événements qui secoueront le monde, il sera le roi des Français.

Mais qui prévoit le prodigieux avenir? Le décès du prince de Lamballe a été, pour le père, une déchirante épreuve; s'il savait, il pleurerait, non pas sur ceux qui meurent, mais sur ceux qui survivent : cette jeune duchesse de Chartres, comblée de tous les bonheurs que peut donner la terre, sera la plus malheureuse des femmes et des mères; ses yeux limpides s'useront à pleurer; son mari mourra sur l'échafaud; ses fils devront errer, proscrits pendant vingt ans, et les plus jeunes périront au loin sans qu'elle puisse les embrasser; elle-même traînera de prison en prison, d'exil en exil, réduite à l'aumône... Le martyre de la princesse de Lamballe sera moins long, mais plus atroce, et son corps dépecé servira d'amusement aux brutes déchaînées. Lui-même, le bienfaisant prince, verra s'écrouler la vieille France de ses aïeux et, seul de tous les siens, protégé par la reconnaissance et l'amour de ses vassaux, mais succombant aux coups qui frappent autour de lui, il s'éteindra, dans son château de Bizy, devant lequel se seront arrêtées les fureurs révolutionnaires, tenues en respect par le souvenir de ses charités et de ses vertus.

En attendant que crevât le nuage qui, lentement, montait à l'horizon et cachait l'avenir, le duc de Penthièvre s'appliquait à parfaire Rambouillet : il compléta le réseau des canaux dont la disposition n'a pas changé depuis lors; mais l'aspect du décor était alors bien différent; sauf les deux petites îles des Roches et des Festins qu'ombrageaient de grands arbres, toutes les autres, jusqu'à la naissance du Tapis vert, ne formaient qu'une vaste prairie coupée d'eaux miroitantes et le bois ne commençait qu'au delà du dernier canal. Ce « découvert », conforme à la tradition de l'art français, devait, imagine-t-on, communiquer à ce grand ensemble beaucoup de noblesse et permettre d'en bien saisir le tracé général; sans doute aussi facilitait-il la chasse du gibier d'eau et celle au vol qui exige de larges espaces. Mais peut-être la princesse de Lamballe, alors dans l'âge où l'on s'éprend des nouveautés, eût-elle préféré moins de grandeur et plus de pittoresque; nommée, en septembre 1775, surintendante de la Maison de Marie-Antoinette, elle voulut, sans doute, posséder, comme la Reine, son Trianon et, pour répondre à son désir, son beau-père aménagea en jardin anglais toute la partie du parc qui s'étendait au nord du Tapis vert, depuis les canaux jusqu'au grand chemin de Chartres. Le site était vallonné à souhait et l'écoulement des eaux y formait sous les futaies une rivière dont on n'eut qu'à torturer un peu les méandres; on orna ce lieu délicieux de « fabriques » à la mode; on y éleva un rocher, pour tout dire assez mesquin, mais qu'un accident tragique rendit bientôt vénérable : deux amoureux, surpris par l'orage, s'étant réfugiés à l'abri de ce tas de pierres, furent frappés par la foudre, et, depuis lors, l'endroit est appelé *la grotte des deux amants*. On bâtit aussi, dans la partie la plus abrupte, un ermitage que le temps a respecté et, dans une île de la rivière que franchissent des ponts rustiques, on construisit une chaumière-surprise, restée le bijou du jardin anglais : c'est une masure faite de gros moellons et figurant une maison paysanne. On entre, — c'est la surprise, — on se trouve dans un salon en rotonde, le plus élégant que l'on puisse rêver; en des niches que séparent de hauts pilastres, sont posées, sur des stèles à hauteur d'appui, des corbeilles de fruits et de fleurs; une frise du meilleur goût règne au-dessus de cet ensemble décoratif, cernant le plafond en dôme d'où jadis descendait un lustre : une cheminée d'un dessin gracieux supporte une haute glace sur laquelle retombe une lourde guirlande semblable à celles qui pendent de la corniche et débordent des corbeilles. C'est la quintessence de toute la grâce du plus pur style Louis XVI; et tout cela, dôme, corniche, glace, corbeilles, cheminée, guirlandes, pilastres, fruits et fleurs, est fait de coquillages et d'éclats de marbres et de nacre, assemblés par la main d'habiles artistes. De Dieppe on fit venir les coquilles Saint-Jacques de la frise, les huîtres des guirlandes, les nacres de la glace et du plafond; de Nogent-sur-Seine les moules de rivière; par malheur cette fragile décoration est fort détériorée : des imbéciles que cette jolie pièce émeut, ils ne savent pourquoi, manifestent leur attendrissement en la mutilant pour en emporter, comme souvenir, un morceau; aussi haut que la main ou la canne peuvent atteindre, il ne reste rien que du plâtre. Les Prussiens, en 1871, ont largement, comme bien on pense, contribué à cette dévastation : même ils ont volé, dans un petit salon de toilette contigu à celui des coquillages et orné de délicates peintures, deux mignonnes poupées, négrillons en miniature qui, lorsqu'on actionnait un mécanisme caché, sortaient d'un placard et présentaient aux dames la boîte à poudre et le flacon de parfums. Un vieil inventaire nous décrit le mobilier de la rotonde : quatre canapés, huit chaises en gros de Tours vert à étoiles d'argent; les rideaux de même étoffe étaient frangés de verroterie verte et blanche; une table à dessus de marbre occupait le centre du salon. Hélas! ce pavillon des coquilles est une ruine; quand on le visite en compagnie d'étrangers, on a honte des réflexions que leur inspirent ces dégradations et notre insouciance qui s'y résigne. Quelques milliers de francs suffiraient pour rendre à cette fantaisie charmante toute sa parure; il n'y a pas à innover, il n'y a qu'à refaire, et le modèle est sous les yeux. Que, du moins, ce spécimen, sans doute unique, d'un art exquis, soit pieusement restauré et protégé désormais, par de solides barrières, contre le vandalisme des visiteurs.

Il ne faut pas quitter le pavillon des coquillages sans remarquer de gros os de bœuf ou de cheval, sertis dans la maçonnerie des murs extérieurs et dont la présence inexpliquée étonne. La clef de cette énigme se trouve dans un vieux livre publié, il y a près d'un siècle, à Saint-Brieuc et qui, jamais, bien probablement, n'a pénétré jusqu'à Rambouillet : c'est un recueil de *Notions historiques sur le littoral des Côtes-du-Nord*. On y lit cette remarque : « Les os des jambes des bœufs ou vaches que l'on abat, sont en partie achetés par les campagnards qui font élever des murs et qui y placent ces os pour soutenir les espaliers. » Voici donc la chose éclaircie : ou bien le duc de Penthièvre, en faisant élever, pour sa belle-fille, la chaumière du jardin anglais, voulut que l'aspect de la bâtisse rappelât les maisons paysannes du pays de Lamballe; ou bien, lorsqu'il visita ce pays avec elle, en 1774, en ramena-t-il, pour construire ce pastiche, quelque maçon qui suivit, par tradition, l'usage qu'il avait toujours pratiqué; de toute façon, si l'on ne peut dire que ces os sont la signature de la princesse de Lamballe, il faut, du moins, les considérer comme de rustiques symboles de son apanage breton et, à ce titre, ils prennent une petite valeur historique.

On date de 1780 la création du jardin anglais : le pavillon des coquillages doit être l'un des derniers embellissements dont s'occupa le duc de Penthièvre. Louis XVI, en effet, régnait depuis six ans; grand chasseur, comme tous ses ancêtres, il enviait à son cousin la giboyeuse forêt dont les profonds massifs prolongeaient en quelque sorte le grand parc de Versailles. D'autre part, il éprouvait, dit-on, une certaine répugnance à loger à Saint-Hubert la Reine qui aurait succédé là à madame de Pompadour et à madame Du Barry. Il tardait, par raison d'économie, à satisfaire son désir de posséder Rambouillet : la guerre d'Amérique obérait le trésor royal; mais dès que la paix fut signée, il ne résista plus et le duc de Penthièvre, non sans regret, assurent les uns, avec empressement, selon d'autres, consentit à se défaire de cette magnifique résidence où tant de deuils l'avaient frappé. Le Roi la paya seize millions de livres, par acte passé devant maître Mouret, notaire à Pari s,et le domaine royal entra en possession au mois de janvier 1784. Avant de quitter pour toujours le château où son père et sa mère avaient si longtemps vécu, où lui-même laissait tant de chers et douloureux fantômes, le duc de Penthièvre se réserva, outre certains meubles, des portraits et les dessus de portes de la chambre du Roi qu'il fit adapter à l'un des salons de son château de Chanteloup. Il voulut emporter aussi ce qu'il avait de plus précieux : les cendres de ceux qu'il avait aimés et perdus. Il ordonna d'extraire de la crypte de l'église du bourg les neuf cercueils de ses parents, de sa femme et de ses six enfants, pour les transférer dans un caveau de la collégiale Saint-Étienne de Dreux. Le funèbre cortège partit, un matin, de Rambouillet, « accompagné de tous les officiers de la maison ducale et suivi d'une longue phalange de pauvres portant des cierges allumés ».

VI

L'ANGE GABRIEL

M. d'Angiviller et madame Bivet de Marchais. — Belle carrière. — Mariage désiré, mauvais ménage. — Le gouverneur de Rambouillet.

Marie-Antoinette, curieuse de connaître la nouvelle acquisition de son mari, était venue visiter Rambouillet dès la fin de novembre 1783. Peut-être le temps était-il défavorable; peut-être les yeux de la Reine, pleins des splendeurs symétriques de Versailles, furent-ils choqués par l'irrégularité vieillotte du château? On ne sait; mais la tradition veut que son impression se manifesta avec une franchise toute royale : « Que deviendrai-je dans cette gothique crapaudière? » aurait-elle dit. Cette impression était celle de bien d'autres. A cette époque on aimait le neuf; tout ce qui rappelait le moyen âge était dédaigné. D'Argenville, dans son *Voyage aux environs de Paris*, avait écrit déjà en 1768 : « Le château de Ram-. bouillet, antique et construit en briques, est dans un fond, environné d'eaux et de bois, ce qui rend la situation triste. » Louis XVI jugeait différemment; contrit que son cher Rambouillet ne plût pas à sa femme, et beaucoup plus galant que l'Histoire le montre, il s'empressa de mander M. d'Angiviller, directeur et ordonnateur général des Bâtiments et successeur désigné de Buffon dans l'intendance des jardins de la couronne. Ce personnage reçut l'ordre de faire en sorte que Rambouillet devînt un séjour attrayant et, dès le 2 janvier 1784, le Roi inscrivait dans son livre de dépenses, qu'il tenait soigneusement de sa main : « J'ai payé à M. d'Angiviller, avance sur les dépenses de Rambouillet, les revenus n'étant pas encore perçus, cinquante mille quatre cents livres. » C'était pour les arrangements d'urgence et, à chacun des trimestres suivants, la même somme reparaîtra dans les comptes du Roi.

D'Angiviller va tenir désormais une place importante dans l'histoire du domaine : son souvenir n'est pas totalement oublié à Rambouillet, puisque la municipalité a donné son nom à l'une des rues de la ville, honneur qu'elle avait décerné déjà au comte de Toulouse et au duc de Penthièvre. Les péripéties de la carrière d'Angiviller sont, d'ailleurs, savoureuses et fleurent si fort le XVIIIe siècle que l'on se reprocherait de les passer sous silence.

Il y avait à Versailles, au temps de madame de Pompadour, une certaine madame Bivet de Marchais, épouse d'un valet de chambre de Louis XV; elle était vaguement parente de la favorite, ce qui méritait déjà quelque attention; mais ses grâces et son charme lui en attiraient bien davantage : jolie, rieuse, futée, spirituelle, des dents éblouissantes, d'admirables cheveux blonds qui, déroulés, balayaient le tapis, tel était le portrait de la dame. En outre, elle chantait comme Euterpe, dansait comme Terpsichore et jouait la comédie comme Thalie elle-même aurait été incapable de le faire. Elle figura souvent sur le théâtre élevé par la marquise dans les petits appartements et, quand elle parut sur la scène pour la première fois, elle eut, dès son entrée, pour amoureux tous les spectateurs. Elle jouait de préférence les travestis et les « déshabillés », emplois qui convenaient à sa délicieuse beauté. Son succès fut étourdissant. L'impresario de la troupe, qui n'était autre que le duc de la Vallière, consentait à s'enfermer avec elle durant des heures pour lui seriner ses rôles, et ceci conduisit la charmante femme jusqu'aux petits soupers du Roi, — un connaisseur, — où, parmi les Noailles, les Soubise, les Luxembourg et les Richelieu, elle acquit cette fleur de distinction et de politesse, ce ton léger et raffiné et cette élégance de manières qui firent d'elle une femme accomplie. Au reste, point de scandale ni d'esclandre, et M. Bivet de Marchais put se croire, sans ridicule, le plus respecté des époux. Mais voilà que, un jour, dans l'une des galeries de Versailles, madame Bivet rencontra par hasard un homme qu'elle n'avait jamais vu : c'était un simple exempt du Roi, un soldat d'antichambre; il ne lui adressa pas la parole, mais il la suivit d'un regard si attendri, si ému, si implorant qu'elle ne put faire moins que de s'informer. Cet exempt est, apprend-elle, un fort mince personnage, mais de prestance si noble et d'une beauté si parfaite que ses camarades l'ont surnommé *l'Ange Gabriel* : de son patronyme il s'appelle Flahaut de la Billarderie; il est timide, réservé, aussi brave que séduisant.

Ce qui advient ensuite doit se deviner, car on n'en est instruit que par les faveurs qui pleuvent en grêle sur le bel exempt : madame Bivet a bien des amis à la Cour, son crédit n'est pas niable, puisque voilà Flahaut proposé, en 1754, pour la croix de Saint-Louis, créé comte d'Angiviller, nommé quatre ans plus tard maître de camp de cavalerie, avec autorisation de remplir ses fonctions sans quitter la Cour; en 1760 il est promu gentilhomme de la manche des Enfants de France et coopère à l'éducation du jeune prince qui sera Louis XVI. A trente ans il possède douze mille livres de pensions, sans compter les gratifications d'usage; et, bientôt, en récompense de ses services, on lui concède un hôtel à Paris. Madame Bivet est décidément bien éprise, et voyez comme les protecteurs de ce temps-là ont la main délicate : l'hôtel que va habiter d'Angiviller est précisément mitoyen de celui qu'occupe le ménage Bivet; les deux jardins n'en font qu'un.

Toute la Cour et toute la ville, — sauf Bivet, bien entendu, — connaissent le secret de cette ascension prodigieuse; les cœurs sensibles admirent et citent en exemple la tendresse réciproque qui unit l'ancien exempt à son ensorceleuse amie. Dès que Louis XVI est roi, d'Angiviller est nommé directeur général des Bâtiments, avec traitement de cinquante-quatre mille livres; mais les grandeurs ne l'ont pas changé : il est resté, à l'égard de son idole, le céladon timide et soumis des débuts : elle reçoit les duchesses, son salon est peuplé d'artistes et de beaux esprits et, parmi cette cour empressée, le directeur général des Bâtiments du Roi apparaît toujours tel qu'elle l'a vu pour la première fois, la couvant des yeux, l'adorant de loin et savourant comme une ambroisie ses moindres paroles. On s'intéresse tant à ce couple d'amoureux modèles que l'on juge Bivet indiscret de vivre si longtemps : il est d'âge à disparaître; d'autant plus que sa femme, elle, a trouvé le secret de ne pas vieillir : elle possède aussi celui de recruter sans cesse et de retenir de nouveaux amis : comme l'Ange Gabriel a dans ses attributions le célèbre potager du Roi, elle en distribue les produits à ses invités; elle les comble de pêches, de poires et de raisins phénomènes, de pommes féeriques et de brugnons prodigieux, ce qui lui vaut le surnom de Pomone, la déesse qui préside aux miracles des espaliers.

Cédant enfin au vœu général, Bivet mourut. Après trente ans de passion mutuelle, contrariée par ce fâcheux mari, les deux amants allaient donc réaliser leur rêve : ce serait l'union du Philémon et de la Baucis du XVIIIe siècle; tous les gens de cœur se réjouissaient, comme d'un bonheur personnel, de l'heureuse conclusion de leurs amours. Pomone, en effet, épousa l'Ange Gabriel et devint comtesse d'Angiviller. Quel délicieux ménage! on les enviait... Ce fut un enfer.

Dès le soir de la noce, l'Ange Gabriel s'avise que son adorable maîtresse fait une épouse insupportable; elle dépose dans l'intimité son affabilité et son sourire en même temps que ses bijoux et sa robe de soirée; elle est sèche, querelleuse, calculatrice comme un usurier. Introduit dans les coulisses de la coquetterie de sa femme, d'Angiviller est initié aux mystérieux procédés qu'elle

met en œuvre pour triompher des atteintes de l'âge :
persuadée que la décrépitude n'a d'autre cause que le
desséchement des tissus, elle passe, à tremper dans sa
baignoire, toutes les heures que lui laissent libres ses
obligations mondaines, et si grande est sa foi en cette
humectation salutaire qu'elle prétend imposer ce régime
à son mari. Il se révolte et c'est lui, désormais, qui tiendra
la cravache. Dès lors la vie commune devenait un supplice,
supplice d'autant plus cruel qu'il leur fallait jouer la
comédie du bonheur ; le monde ne revient pas sur ses
jugements : il n'aurait pas supporté qu'une ombre
de nuage obscurcît la sempiternelle lune de miel de
ceux qu'il avait définitivement classés parmi les
tourtereaux.

C'est alors que, cachant sa peine, d'Angiviller apparut
à Rambouillet, dont il fut nommé gouverneur. On l'y
retrouvera fréquemment ; mais comme on ne reverra
plus Pomone, il faut dire, sans plus tarder, quelle fut sa fin.
Quand vint la Révolution, le mari émigra ; la femme,
pour sauver sa tête, réclama et obtint le divorce ; ainsi
rassurée, elle parvint à se réinstaller à la Surintendance
de Versailles, et, pour n'en être pas expulsée, joua la
malade ; elle cajola même la Terreur, sacrifia ses bijoux
en offrande aux sans-culottes et fit don d'un buste de
Marat à la municipalité, moyennant quoi l'orage passa
sans l'atteindre. A l'époque du Consulat elle remplaça
par une effigie de Bonaparte l'épagneul empaillé qui
trônait sur la cheminée de son salon et réussit à vivre
tranquille, amadouant tous les régimes. Elle était, dans
les premières années de l'Empire, une petite vieille,
toute ridée, toute sèche, malgré sa cure d'humidité, se

nourrissant exclusivement de bouillon de grenouilles. Son appartement était surchauffé, rempli de fleurs, arrosé de parfums, au point de suffoquer ceux qui s'y risquaient, et c'est dans cette atmosphère embaumée qu'elle mourut en 1808.

VII

RÉSIDENCE ROYALE

Louis XVI propriétaire de Rambouillet. — Grands projets, grands travaux. — Mobilier. — Chasses. — La Reine boude Rambouillet. — Le troupeau des mérinos. — La Laiterie. — Pierre Julien et sa *Chevrière*.

Installé, dès le début de 1784, avec le titre de gouverneur et administrateur général, capitaine des chasses, maisons, château, parcs, bois et domaine de Rambouillet, d'Angiviller se mit aussitôt à la besogne : en même temps, le peintre Hubert Robert était nommé dessinateur des jardins du Roi, fonction restée sans titulaire depuis 1700, date de la mort d'André Lenôtre.

Le travail n'allait manquer ni au gouverneur ni au jardinier car, bien que les Penthièvre eussent laissé le domaine en parfait état, on reconnut que, pour le promouvoir à la dignité de résidence royale, il y avait beaucoup à faire. Malgré sa simplicité personnelle, Louis XVI était l'esclave de l'usage et il ne se déplaçait pas sans être assisté d'une véritable armée de serviteurs : les immenses communs, construits par le comte de Toulouse, ne suffisaient plus; complétés par une nouvelle façade du côté de la ville (c'est actuellement l'entrée de l'École des Enfants de troupe), ces bâtiments allaient réunir tous les services du château, ce qui réduisait l'emplacement réservé aux écuries. Il fallait donc en construire de nouvelles et l'on décida d'élever une dépendance assez vaste pour contenir les cinq cents chevaux indispensables aux « grands voyages » du Roi, et aussi trente remises, des forges, des ateliers, des magasins, douze grands et huit petits logements d'officiers et des chambres pour quatre cents hommes, pages, piqueurs, sous-piqueurs, vétérinaires, éperonniers, postillons, maréchaux, palefreniers, sel ers, délivreurs..., etc. Ce fut *la Vénerie*, construite en bordure de la grande avenue, non loin du carrefour de la Chasseuse.

Le Roi ordonnait, en outre, de dégager l'accès du château du côté de la ville; il acheta dans ce but et fit abattre plusieurs maisons. Dans l'ancien potager du comte de Toulouse, on éleva un vaste bâtiment destiné au bailliage; plus loin, dans la grande rue du bourg, on commençait la construction d'un hôtel pour le gouverneur; M. d'Angiviller voyait grand et voulait que sa résidence eût noble allure; on entreprit bien d'autres bâtisses : un nouveau chenil, l'agrandissement de l'hôpital, une faisanderie, une ferme expérimentale pour laquelle on fit choix de la partie culminante du grand parc, non loin de l'endroit où s'était dressé, aux temps féodaux, le manoir de Montorgueil. L'architecte Thévenin, chargé de ces divers travaux, y employait près d'un millier d'ouvriers, et l'on projetait mieux encore, car on espérait décider facilement le Roi à raser le château afin d'en construire un autre, plus vaste, dont les plans étaient déjà prêts.

Louis XVI, en effet, sentait bien que cette vieille maison, toute de travers, avec ses appartements différant de niveaux, ses dégagements compliqués, n'était pas une demeure royale. Il s'en contentait pour sa part, préoccupé surtout d'organiser ses chasses; mais, en ces occasions même, il s'y trouvait bien à l'étroit et ses invités pouvaient à peine s'y caser. De fait, lorsque l'on examine un plan du château, on n'arrive pas à discerner dans quels locaux on parvenait à établir, pour les repas, « la table royale », qui était de quinze à seize couverts; « la table des maîtres », — vingt couverts destinés aux officiers des gardes du corps, aux officiers de la Vénerie, aux écuyers, aux prévôts de la maréchaussée..., etc.; « la table des pages », de dix à douze couverts; « la table de la chambre du Roi »; « la table des officiers de Monsieur »; « la table des officiers de la Bouche »; sans parler de celles où mangeaient, dans les communs, les suisses, les valets de pied des princes, et tout le personnel que les chasses mobilisaient. La table du Roi fut d'abord dressée au rez-de-chaussée, soit dans la salle de marbre, soit dans l'une des pièces ajoutées à la construction par le comte de Toulouse; puis on adopta définitivement, au premier étage, l'ancienne salle à manger de Louis XV, la première pièce de l'appartement d'assemblée : une table de quinze couverts peut y être servie aisément; mais il paraît difficile d'en placer, sans encombrement, une seconde de pareilles dimensions.

Quant à l'appartement de Louis XVI, des états de 1787, conservés aux archives nationales, nous en fournissent la distribution : il se compose d'un vestibule[1], d'une grande antichambre, d'une salle des nobles éclairée par deux fenêtres[2], d'une chapelle[3], de la chambre du Roi, à deux fenêtres, d'une salle du Conseil, à une fenêtre, d'une garde-robe à coucher, d'une garde-robe de commodité, d'un petit escalier conduisant à un entresol [4] composé d'un « cabinet vert », d'un cabinet en tourelle et d'une petite garde-robe. Comment placer tout cela dans le château actuel sans admettre que l'appartement se prolongeait sur la façade comprise entre la tourelle du sud et la tourelle de l'est ?

Ces pièces étaient garnies de meubles et de tapisseries magnifiques ; on en possède une nomenclature des plus détaillées, mais quelques indications suffiront : ainsi, dans la salle des Nobles, on remarquait une tenture et deux portières « de moire, peinte à Rome, représentant divers sujets de la fable, rehaussés d'or » et, dans la cheminée, « des chenets à quatre branches ornés de piédestaux soutenus par des drapeaux surmontés de deux figures d'homme et de femme de quatorze pouces[5] de haut, le tout en bronze doré d'or moulu avec pelle, pincettes et tenailles ». Dans la chambre du Roi, le lit « à deux chevets bombés, sculptés et dorés, est surmonté d'un baldaquin en calotte, à la royale, garni de cent douze plumes blanches et cramoisies et de cinq aigrettes » ; le couchage

---

1. Le vestibule actuel, datant du comte de Toulouse.

2. Ces deux pièces sur l'emplacement de la grande salle à manger actuelle.

3. Probablement dans la tourelle du sud, et de plain-pied avec la salle des Nobles.

4. Peut-être l'ancien entresol établi pour madame de Mailly.

5. L'état dit : quatorze *pieds* (soit 3 m. 50); c'est évidemment quatorze *pouces* qu'il faut lire (45 centimètres environ). Archives nationales O'*3 443.

se compose de « cinq matelas de laine et futaine, de deux traversins en taffetas blanc remplis de duvet, d'un couvre-pied de satin blanc »... etc.

Au même étage était logée la Reine : toute l'aile de l'est, joignant la porte fortifiée, lui était réservée; madame Élisabeth et le comte d'Artois se partageaient le second étage.

La première fois que Louis XVI vint à Rambouillet en propriétaire, — le 6 mars 1784, — il n'y eut pas chasse à courre : il se promena dans le grand parc, tua deux chevreuils, soupa à minuit et rentra à Versailles. Le 27 avril, il chasse à Port-Royal, prend un cerf et finit la journée par une visite à Rambouillet. En mai, chasse à l'étang de la Tour, le 13, et chasse à Coupe-Gorge le 17. A chacun de ces voyages le Roi déjeune et soupe au château; il n'y dîne pas; — on sait que le dîner se prenait vers trois heures de l'après-midi, et c'est le plein de la chasse; — mais il est suivi par une « cantine » qui lui sert un repas en forêt. Le 17 mai, d'après les laconiques indications du journal que le Roi tient de tous ses déplacements cynégétiques, la Reine arrive à Rambouillet dans la journée, y dîne avant que son mari soit rentré de la chasse et soupe avec lui. Ainsi voit-on que, de toute cette année 1784, Louis XVI ne coucha pas une seule fois à Rambouillet. En 1785, il n'y passe qu'une nuit, celle du 23 au 24 mai. A-t-il reconnu que l'appartement dont il dispose n'est pas commode et se prête mal au cérémonial du coucher dont il semble ne s'être jamais dispensé?

L'année suivante, il couche encore une fois à Rambouillet, le 20 juin; mais c'est parce que, le lendemain, à cinq heures et quart du matin, il en partira pour son grand voyage de Cherbourg. Quelle corvée! Dix jours sans chasser! Aussi, comme un gourmand qui se bourre en provision afin de supporter sans faiblir une abstinence forcée, il chasse à l'Étang d'or la veille de son départ et prend deux cerfs. Dès le lendemain de son retour à Versailles, le 30, il chassera encore, cette fois pour se refaire.

Ces chasses n'ont pas toujours pour théâtre la forêt de Rambouillet. Souvent l'attaque a lieu très loin de là, aux Vindrins, aux Cinq-cents-arpents, à Bullion, à Cernay, à Maintenon, à Dourdan, à Sainte-Mesme, aux Quatre-piliers. Très souvent, lorsqu'un cerf était pris, on en lançait un autre et parfois un troisième : l'équipage royal disposait de trois meutes et de nombreux relais. Plus infatigable que ses chevaux et ses chiens, Louis XVI rentrait au château à la nuit close, y soupait, ordinairement à minuit, puis, fourbu enfin, il montait en carrosse pour regagner Versailles où il arrivait vers trois heures du matin, à moitié endormi. Les jambes engourdies, ébloui par l'éclat des flambeaux, il avait peine à monter son escalier; les valets qui le voyaient tituber, « déjà imbus de l'idée de ses débauches, le croyaient dans l'ivresse la plus profonde »; mais, rentré dans son appartement, où il retrouvait la foule des courtisans qui veillaient pour ne point manquer au « débotté » et au « coucher » du roi, celui-ci revenait de son assoupissement et racontait sa chasse avec des détails que les assistants, vu l'heure tardive, jugeaient parfois bien longs et bien minutieux.

En 1787, le Roi ne couche pas une seule fois à Rambouillet; mais en 1788, au contraire, il y fait vingt et un voyages et, à chacun d'eux, il passe la nuit au château; il ne le quitte le lendemain qu'après avoir entendu la messe, sans que rien permette d'expliquer ce changement d'habitudes. Quelque modification a-t-elle été apportée au château afin de le rendre plus logeable, ou bien, voyant que la Reine n'occupe pas les pièces qui lui sont destinées, s'en est-il emparé pour agrandir son propre appartement? Au vrai, Marie-Antoinette, du moins dans le journal de son mari, n'apparaît que six fois à Rambouillet : elle y vient souper, jamais elle n'y chasse, quoiqu'elle monte à cheval « avec autant de grâce que de hardiesse ». Madame Élisabeth, très solide amazone, elle aussi, suit la chasse du 28 juin 1787 : ce jour-là on attaque le cerf à Batonceau et il semble que c'est avec une joie réelle que Louis XVI mentionne, cette fois unique, sur ses tablettes, la présence de sa sœur : — « Élisabeth a chassé », — et qu'il y consigne les rares occasions où, au retour de la forêt, il trouve au château la Reine venue pour souper avec lui.

Six fois! En cinq ans! Marie-Antoinette, c'est évident, ne se plaisait pas à Rambouillet et son mari s'en attristait : pour l'y attirer, il fut sur le point de céder aux instances d'Angiviller et de ses architectes, qui préconisaient la destruction complète du château et son remplacement par un nouveau palais dont les plans furent établis et même adoptés. On les retrouve aujourd'hui dans les archives de l'architecte du château : ils nous montrent, en élévation, une longue façade composée d'un rez-de-chaussée formant balcon et sur lequel s'élèvent en retrait deux étages d'une architecture simple et régulière, sans autre repos pour l'œil que, à chaque extrémité, un avant-corps de forme circulaire rappelant vaguement les tours du vieux manoir. Tel devait être l'aspect de la construction du côté des canaux; sur la cour d'honneur le bâtiment et ses ailes se présentent de façon plus attrayante, et quant aux dispositions intérieures, c'est magnifique, — sur le papier : — monumental escalier à deux rampes, superbe vestibule à colonnades, chapelle en rotonde dallée de marbre, et des enfilades de salons à n'en plus finir. Le tout eût presque égalé en superficie l'immense étendue du château de Compiègne. La vieille demeure du comte de Toulouse l'a échappé belle, car sa démolition était décidée; dans sa *Nouvelle description des environs de Paris*, datée de 1786, Dulaure se borne à écrire : « Les nouvelles constructions que le Roi fait actuellement à Rambouillet me dispensent de décrire ce château qui existera sur un nouveau plan. » Dulaure anticipait : Louis XVI, qui économisait jusqu'au papier de son journal de chasse, recula devant la dépense; mais comme la Reine aimait les occupations champêtres, il consentit à la création d'une Laiterie, d'une Ferme et d'une Bergerie où seraient élevés les plus beaux moutons du monde.

Colbert, le premier, s'était ému de la pauvreté des laines fournies par les troupeaux français; nos manufacturiers tiraient de l'étranger, et particulièrement de l'Espagne, toutes celles destinées à la fabrication des belles étoffes; mais les tentatives faites pour améliorer la race indigène restaient sans effet, quand, averti par les travaux de Buffon et de Daubenton, d'Angiviller forma le projet d'agrémenter d'une ferme modèle le domaine de Rambouillet, et il conseilla à Louis XVI de s'adresser au roi d'Espagne pour obtenir la cession d'un important troupeau de mérinos dont on tenterait l'acclimatation. Pour 16 000 livres, l'Espagne céda, en 1786, quarante-deux béliers, trois cent trente-quatre brebis et sept « moutons conducteurs », avec les chiens nécessaires à la surveillance de ces trois cent quatre-vingt-trois bêtes; elles quittèrent les environs de Ségovie, le 15 juin 1786, sous la conduite d'un « majoral » et de cinq bergers espagnols; le 12 octobre elles atteignaient Rambouillet après cent dix-neuf jours de voyage; dix-sept étaient mortes en route. Aucune étable n'était préparée pour les recevoir, les bergers espagnols assurant que, accoutumé à vivre en plein air, le troupeau souffrirait de la claustration; mais le climat de Rambouillet diffère de celui de la Vieille-Castille et, dans l'hiver qui suivit leur arrivée, trente-cinq brebis périrent de la clavelée; les Castillans, persuadés que tous les animaux succomberaient, souffrant eux-mêmes, sans doute, du mal du pays, manifestèrent le désir de retourner chez eux. On les avait probablement logés, au fond du grand parc, dans trois masures naguère désignées sous l'appellation de La Pommerais et que, depuis lors, on nomme les Vieilles Bergeries. L'histoire de ces maisons, nouvellement restaurées, est fort obscure; elles sont certainement très anciennes, car l'une d'elles est bâtie sur une crypte qui paraît dater du XIIe siècle; dans une autre le départ de la rampe d'escalier est taillardé de sculptures grossières, œuvre, peut-être, de l'un des pâtres castillans qui aurait ainsi occupé ses loisirs. Car ces déracinés devaient se morfondre dans cette solitude où ils ne passèrent qu'un hiver. Dès le printemps de 1787, ils prenaient le long chemin de leur pays, emportant, sans nul doute, de leur séjour en cette France si vantée, une triste impression.

Le troupeau ne souffrit pas de leur départ, au contraire ; grâce à la sollicitude et au savoir de l'agronome Tessier, du fermier du domaine, Bourgeois, et du berger Delorme, dont le portrait est conservé à la Ferme, les mérinos prospéraient : on les logea à Mocquesouris en attendant que fussent élevées les Bergeries qui datent du premier Empire. Le troupeau, renforcé de nombreuses têtes à cette époque, acquit bientôt une réputation mondiale. Parfois, sur les vastes pelouses, on le rencontre pelotonné par des chiens vigilants et conduit par des bergers à grand manteau et à houlette. Comme aucun animal étranger à la race n'a été, depuis la fondation, introduit dans l'établissement, tout ce qui existe actuellement provient de la souche originaire ; en outre de l'agrément qu'elles ajoutent aux verdoyants tableaux du parc, ces bêtes, de si noble lignée, inspirent un certain respect ; elles nous ont affranchi du tribut annuel que la France payait à l'Espagne et que l'on évaluait, il y a quelque soixante ans, à 35 millions.

Il est bien probable que ces moutons, ni savonnés, ni parfumés, ni enrubannés, n'intéressèrent pas beaucoup Marie-Antoinette. Si grand que fût son goût pour la pastorale, elle passa trop rarement quelques heures à Rambouillet pour prendre le temps de les mener paître. Vit-elle seulement terminée cette Laiterie à laquelle son souvenir demeure attaché ? On ne peut l'affirmer. C'est en 1785, en effet, que, sur l'ordre de Louis XVI, désireux de procurer à la Reine un pavillon qui fût bien à elle et où « elle pourrait venir se rafraîchir de frais laitage », fut élevé, par l'architecte Thévenin, ce joli temple, construit en grès et comportant deux pièces : la première en rotonde, l'autre rectangulaire. La maçonnerie était achevée à l'automne; mais le temple était nu et il fallait maintenant le décorer de façon adaptée à sa destination : d'Angiviller confia ce travail à Pierre Julien, dont les envois, aux salons de 1783 et de 1785, avaient ravi les connaisseurs.

Bien attachante la figure de ce célèbre sculpteur, le plus grand de tous les artistes qui ont travaillé pour Rambouillet. On doit, à ce titre, s'y arrêter quelque peu, d'autant plus qu'il est encore temps, peut-être, de conjurer la déplorable malchance qui a poursuivi et poursuit encore le chef-d'œuvre qu'il y avait laissé.

Pierre Julien était le sixième enfant d'un menuisier illettré de Saint-Paulien, dans le Velay. Son instruction fut des plus sommaires; prit-on la peine de lui apprendre à lire? A quoi bon? Dès qu'il se trouva d'âge à courir les champs, on l'employa à garder les troupeaux, et il vivait solitaire tout le jour, ne rentrant au village qu'à la nuit tombante et se levant avant l'aube pour rassembler les moutons et les chèvres qu'il menait paître sur les coteaux voisins. Tout en les surveillant, il ramassait, au bord des sources, la glaise rougeâtre du pays et modelait des figurines qu'il rapportait, le soir, chez son père. Comme il n'avait jamais vu de statues, il prenait pour modèles ses brebis et ses agneaux et s'appliquait à saisir leurs attitudes. Un moine, passant par Saint-Paulien, voit ces essais, s'étonne de l'instinctive habileté de l'enfant, qu'il place en apprentissage chez un maître sculpteur du Puy, spécialiste en tabernacles et en chaires à prêcher. A force de.tailler dans le bois les images des quatre évangélistes, — toujours les mêmes, — Pierre Julien a bientôt dépassé son patron; il part pour Lyon, entre à l'atelier de Perrache, professeur à l'école de dessin, dont le nom est aujourd'hui universellement connu en raison de la gare qui en a hérité. Perrache, ayant vite jugé son pensionnaire, l'envoie à Paris, le recommande à Coustou, et voilà le petit gardien de chèvres élève à l'Académie royale. Trois ans plus tard, grand prix de sculpture, il part pour Rome, muni de trois cents livres qu'attribue généreusement l'Académie à ses lauréats pour les frais du voyage, — qui durait deux mois! Après cinq ou six ans d'études, Julien rentre à Paris, produit son *Ganymède* (qui est au Louvre), est élu académicien à l'unanimité des voix, en 1778; donne son *Gladiateur* (au Louvre également); sa vogue est grande : il a des admirateurs puissants, le duc de Nivernais, le cardinal de Bernis, le comte de Vaudreuil, Buffon... Son *La Fontaine*, un chef-d'œuvre (à l'Institut), le classe parmi les grands maîtres... Si jamais cerveau fruste, qu'aucun reflet d'art n'éclaire, qu'aucune éducation n'éveille ni ne dirige, qui doit tout deviner, a entendu l'appel de mystérieuses et harcelantes inspirations, c'est bien celui de ce pauvre pâtre en qui sommeillait le génie. Et imagine-t-on ce qu'une telle carrière, pour un paysan sans ressources et mal dégrossi, implique de traverses, de privations, de labeur acharné et d'obstination? Julien s'était usé à la peine; en 1785, à cinquante-quatre ans, n'en pouvant plus, il avait quitté Paris et se trouvait à Lyon où il espérait rétablir sa santé, quand il reçut l'avis de M. d'Angiviller annonçant qu'il était choisi pour décorer la Laiterie de la Reine, à Rambouillet.

La commande est considérable : il s'agit d'exécuter, dans le plus court délai, une statue, deux grands bas-reliefs de 11 pieds de long sur 3 de haut, un grand médaillon de 3 pieds représentant une mère allaitant son enfant, quatre autres médaillons de 2 pieds où seront figurés les *travaux d'une métairie* et un dernier médaillon, de moindre dimension : une *vache nourrissant son veau.* Julien se met aussitôt au travail; il recouvre la santé; rentre à Paris dans son atelier du Louvre; et tout est terminé et en place au printemps de 1787. Le fond de la grande pièce rectangulaire de la Laiterie est entièrement rempli par un immense rocher d'où ruissellent de toutes parts de légères cascades d'eau qui voilent, de leur gaze liquide, l'entrée d'une grotte sombre dans laquelle une jeune bergère, assise sur un bloc de pierre s'apprête à se baigner : du bout du pied elle tâte l'eau; de sa main gauche, crainte d'être surprise, elle couvre d'un linge sa gorge nue; de l'autre elle retient une chèvre altérée qui se penche et trempe dans la source son menton barbu. La blancheur de ce groupe de marbre, se détachant sur l'ombre de la grotte, le clapotis de l'eau qui tombe dans la nappe limpide où va se plonger la pastourelle, la lourdeur mouvementée des rochers contrastant avec la pudique candeur de la baigneuse... c'est une œuvre idéale « dont tous les détails concourent à donner la sensation de la vie ». D'autre part les bas-reliefs éclairés par le jour tamisé qui tombe de la voûte, la première salle circulaire, tout autour de laquelle régnait une console de marbre blanc, chargée de seaux à têtes de béliers sortis de la manufacture de Sèvres, les hautes portes à couronnes dorées qui séparent les deux pièces, complétaient cet ensemble parfait où tout était grâce, élégance et harmonie.

La tradition assure que la Reine se déclara parfaitement satisfaite de cette merveille d'art et de goût; on raconte même que, afin de ménager son plaisir, lorsqu'elle se rendit à la Laiterie la première fois, une haute haie de verdure avait été dressée pour lui cacher le petit temple où l'attendait, sous les frissons de l'eau, la *Chevrière* de Julien. Tandis que Sa Majesté se reposait dans l'un des pavillons circulaires à chaînage de briques qui forment l'entrée de ce bel endroit; qu'elle s'amusait à contempler les *Quatre Saisons* peintes en trompe-l'œil par Sauvage et qui font illusion aux plus avertis, cette haie fut abattue et lorsque Marie-Antoinette sortit du pavillon, elle aperçut, comme surgi de terre au coup de baguette d'une fée, le petit temple de grès, portant à son fronton l'inscription LAITERIE DE LA REINE, surmontée d'un délicat médaillon de marbre. Le fait est possible; mais on regrette de n'en point connaître la date : d'après le journal de Louis XVI, Marie-Antoinette ne reparut pas à Rambouillet après le 20 juin 1786 et, à cette époque, si la Laiterie était construite, la décoration de Julien n'était même pas en projet. Certes la Reine a pu, l'année suivante, venir de Versailles à Rambouillet sans que le Roi ait consigné ce voyage dans son mémento ; ce qui autorise à penser qu'elle ne le fit pas, c'est que, dans une lettre d'Angiviller à Julien, il le félicite d'avoir mérité « les éloges du Roi et les suffrages de toute la Cour » et ne dit mot de la Reine pour qui, cependant, le sculpteur avait particulièrement travaillé. Du reste, l'œuvre de Julien ne fut complètement achevée que plus tard : par conscience d'artiste il voulut refaire le rocher qui lui semblait à la fois trop lourd et trop détaillé; il remplaça par une pierre tendre le grès dur qu'avaient employé les ouvriers et disposa de sa main les grandes masses de ce décor accessoire. C'est dire combien il souhaitait que sa vaste composition fût parfaite, et que sa *Chevrière* était son enfant de prédilection. D'après une lettre de Thévenin on sait que ce dernier travail fut terminé au plus tôt à la fin de mars 1789.

Cette année-là, Rambouillet ne reçut ni le Roi ni la Reine. C'est le 22 août 1788 que Louis XVI y passa la nuit pour la dernière fois; le 23, il se leva de bonne heure, assista à la messe; à sept heures du matin, il était dans le parc et chassait; il abattit cent quatre-vingt-quatre pièces; puis il déjeuna au château. Il eût taxé de folie le devin assez osé pour lui prédire que, dorénavant, le premier qui entrera dans ce château et s'installera « chez soi » dans la chambre royale, sera le fils d'un pauvre hobereau corse, dont il ignore jusqu'à l'existence.

Le carrosse qui l'emporte vers Versailles, escorté à l'ordinaire d'un peloton de piqueurs, de pages, de mousquetaires et de gardes du corps, monte, au galop de ses six chevaux, la belle allée qui, du château, conduit vers les bois; au rond-point de la Chasseuse, on incline à droite pour suivre cette route déclive dont le gros pavé, aujourd'hui déjeté, est impraticable à nos voitures mécaniques; on franchit la belle grille blanche formant, du côté de Paris, l'entrée principale du domaine et qui, bientôt, sera veuve de l'emblème royal dont se complète son couronnement. La voiture, les cavaliers passent, se lancent sur la route de Versailles; la grille se referme... De seize ans, elle ne s'ouvrira plus devant un maître.

VIII

L'OURAGAN

Le vieux monde agonisait, et c'est probablement à Rambouillet qu'il exhala son dernier souffle.

Depuis sept cents ans il était d'usage que le prieur de Saint-Thomas, d'Épernon, rendît hommage à ses suzerains les seigneurs du fief de Montorgueil. Ce fief avait été absorbé, dès le début du XVIe siècle, par les seigneurs de Rambouillet; le manoir féodal de Montorgueil était démoli; — un magnifique chêne, toujours vivace, au bord de l'étang de la Ferme, indique à peu près son emplacement; — les dernières pierres de ce manoir avaient servi à construire les communs du comte de Toulouse; il n'en restait donc plus trace; mais l'imprescriptible usage lui survivait et, chaque année, le lundi de Pâques, le successeur du prieur d'Épernon devait présenter son hommage au successeur du seigneur de Montorgueil, c'est-à-dire au roi de France, titulaire de la seigneurie de Rambouillet. Pour obéir à cette tradition respectée depuis sept siècles, le vassal se bottait, s'éperonnait, ceignait l'épée, se coiffait d'une couronne de pervenches, passait sur son vêtement une guirlande des mêmes fleurs, croisée d'une écharpe blanche, et, tenant à la main des gants blancs neufs, il montait sur un cheval qui, obligatoirement, sous peine de confiscation par le suzerain, devait avoir le chanfrein et les quatre pieds blancs. Ainsi l'avait voulu le moyen âge, et jamais aucune infraction depuis lors n'était apportée à ce singulier et séculaire droit du seigneur.

En cet équipage, le 13 avril 1789, trois semaines avant l'ouverture des États Généraux, trois mois avant la prise de la Bastille, le figurant feudataire entra dans la cour du château de Rambouillet : à l'arçon de sa selle pendait une bouteille d'osier emplie de vin; il tenait, en outre, un grand gâteau orné de pervenches, emblème de l'humilité. Par trois fois il cria : « Monseigneur de Montorgueil, êtes-vous ici ou gens pour vous? » Le bailli de Rambouillet, représentant le Roi, répondit : « Monseigneur n'y est pas; mais ses officiers y sont pour lui. » Alors, au nom du prieur de Saint-Thomas, le cavalier offrit, en marque de vassalité, la bouteille de vin, les gants et le gâteau; puis on examina le cheval afin de s'assurer qu'il ne manquait pas un clou à ses fers, sans quoi le suzerain eût eu le droit de se l'approprier; telle était la règle... En 1789, cette étonnante prestation n'était plus, on le suppose, qu'une occasion de mascarade et d'amusement; peut-être se trouvait-il néanmoins au nombre des badauds qui s'en gaudissaient, quelques vieux, assez férus de traditions pour considérer avec un vague regret et une méfiante appréhension des temps nouveaux, ce geste puéril et suprême d'un passé presque unanimement réprouvé. Ces retardataires étaient rares; en ces beaux jours du printemps de 1789, il n'y avait guère de Français qui ne se figurassent appelés à voir le retour prochain de l'âge d'or.

On s'intéressa d'abord aux élections, grande nouveauté; puis on eut à choisir un maire, et le premier fut le notaire Thierry. Pourtant l'été manqua d'animation; le Roi, occupé ailleurs, ne parut pas à Rambouillet; cette défection fut sensible parce que, à la fin de ses séjours, il avait coutume de partager entre le personnel du château une gratification de 4 000 livres. En 1790, non plus que l'année suivante, on ne le vit pas davantage. Il avait quitté Versailles et habitait les Tuileries; il ne chassait plus; l'avenir s'assombrissait et les Rambolitains supputaient que, jusqu'alors, le bilan de la révolution se soldait pour eux par un déficit sérieux : chacun des voyages du Roi occasionnait une dépense de 3 500 livres environ, dont la plus grande part allait aux commerçants de la ville.

On ne désespérait pas encore cependant; l'Assemblée marchandait, il est vrai, à Louis XVI la jouissance de plusieurs de ses châteaux; mais Rambouillet était de ceux qui lui étaient conservés; quant à ses chasses, qui lui tenaient tant au cœur, il s'en remettait à la générosité de la Nation qui, certainement, ne le priverait pas de ce passe-temps traditionnel. Il semblait donc que le nouveau régime n'apporterait pas grand changement à l'existence du nombreux personnel qui vivait de la forêt et du château. Mais, en août 1792, on apprend que le Roi est en prison, et peu après qu'il n'est plus roi. Grand émoi, qu'on n'ose trop manifester car Rambouillet a son club, qui se réunit dans la maison du ci-devant lieutenant des chasses, près du Rondeau, et, si peu nombreuses qu'y soient les mauvaises têtes, on se sent surveillé.

Les nouvelles tragiques se succèdent : la princesse de Lamballe, qu'on a vue si souvent à l'église et que les édiles, naguère, ont comparée à une rose de Savoie formant bouquet avec les lis de France, la princesse de Lamballe a été déchiquetée par une plèbe enragée et son corps, odieusement profané, porté à travers les rues de Paris. Et voilà pis encore : la Convention décrète, en septembre 1792, que « tous les traitements, gages et gratifications attribués aux personnes employées par le ci-devant Roi dans les domaines de la liste civile, cesseront d'être payés le 31 décembre prochain. A la même époque, tous ceux qui avaient un logement dans les maisons appartenant au ci-devant Roi, seront tenus de l'évacuer, exception faite pour les employés à la conservation des forêts. Les terres et domaines que le ci-devant Roi faisait valoir seront affermés; les maisons et bâtiments seront loués »...

Les *maisons*... Le mot château, taxé d'aristocratie, est supprimé du vocabulaire. C'est le désastre. Ce décret draconien atteint à Rambouillet soixante-quatorze personnes, dont, en bloc, les émoluments se montaient à environ 85 000 livres. De quoi vont-elles vivre? Où aller? Quoi faire? Émue des lamentations de l'immense population qui subsistait du service du Roi, la Convention vient à résipiscence; en août 1793 elle vote un secours de 800 000 livres pour les employés de la ci-devant liste civile sans ressources et sans gîte. Le 27 elle décide que ces malheureux recevront une pension proportionnelle au temps de leur service : ceux, par exemple, des « garçons » et ouvriers qui, attachés durant dix ans au Roi, étaient « habillés et gratifiés », toucheront une retraite dont le minimum sera de 75 francs par an et le maximum de 150 livres. La misère !

Maintenant le Roi est mort ; les princes, ses frères, sont proscrits pour toujours ; le duc de Penthièvre, — ou plutôt *le citoyen Penthièvre*, — s'est éteint au château de Bizy ; les gazettes les plus révolutionnaires ont célébré ses vertus et annoncé son décès comme un deuil public. Rambouillet perd en lui son bienfaiteur ; la *manufacture* installée par ses soins pour fournir du travail à une centaine d'enfants pauvres, ainsi que l'hôpital fondé par sa mère, sont au nombre des bâtiments destinés à être aliénés. Déjà commence la vente des meubles du château ; on envoie à la Monnaie nationale les fils d'or et d'argent retirés des riches tentures et des antiques tapisseries, — 169 livres pesant de galon d'or, 80 livres d'ornements à fond d'or ou d'argent ; — on abat les belles grilles de la cour, dont on tire 250 milliers de fer ; une partie sera expédiée à Paris et servira à clôturer la cour des Tuileries où siège la Convention. On met à l'encan les lits dorés, sculptés et empanachés, les chenets, les appliques, les flambeaux, les lustres, œuvres d'orfèvres illustres ; seuls sont distraits des enchères certains objets réservés pour le *Muséum*, quelques tapis de la Savonnerie et 800 matelas destinés aux hôpitaux « avec des couvertures, des traversins et du linge ». Le produit de la vente atteint 590 000 livres en assignats et les spéculateurs venus de Paris vont profiter de ce vandalisme : dans les *Affiches-Annonces* du 3 pluviôse, an II, on lit cet avis : « Magasin de beaux meubles provenant de la liste civile, rue Helvétius, 53 », et on cite un certain Lauchère, ancien cocher de fiacre à Metz, qui, enrichi par ce commerce, reçoit du Comité de Salut public, en paiement des fournitures faites aux armées, des pendules, des tapis, des statues de marbre, des consoles qu'il entasse dans l'hôtel de Flammarens dont il est devenu le propriétaire.

Le 10 novembre 1793 arrive à Rambouillet un convoi de cent quatre-vingt-huit prisonniers, capturés en Vendée : ils viennent de Chartres harassés, affamés, transis. On les parque dans l'église dévastée dont tout le mobilier, tous les ornements ont disparu; même on a violé les sépultures des d'Angennes, vendu leurs cercueils de plomb, et aussi l'urne d'argent renfermant le cœur de l'un des membres de cette famille. Les prisonniers s'étendent sur les dalles où ils passeront la nuit, nuit si froide que, le lendemain, la municipalité prend pitié d'eux et les loge au *Gouvernement*, — ainsi désigne-t-on l'hôtel que d'Angiviller s'est fait construire dans la grande rue de la ville. Une nouvelle phalange de prisonniers est amenée : ils sont maintenant près de trois cents, prêtres pour la plupart. Si vaste que soit le *Gouvernement*, il ne peut les contenir tous; on transfère le misérable troupeau dans les communs du château, ce vaste bâtiment élevé en 1710 par le comte de Toulouse, en bordure de l'avant-cour, reconstruit en 1764 et remanié sous Louis XVI. En raison de leur étendue, on a donné à ces belles constructions le nom de *Corridors*, et là où les deux cents chevaux du fils de Louis XIV étaient si luxueusement logés, les trois cents détenus vont être entassés dans de déplorables conditions.

D'abord ils manquent de tout : aux plus dépenaillés on distribue les « capotes rouges des bedeaux de l'église »; la République leur fournit le pain, l'eau et la paille; mais le pain manque souvent, car le blé fait défaut et les boulangers travaillent mollement, ne sachant qui les paiera. Les gardes nationaux de Rambouillet, réquisitionnés pour la surveillance des prisonniers, exigent pour ce service exceptionnel 3 livres par jour et par homme; un ancien employé à la Vénerie royale, devenu perruquier par le malheur des temps, est improvisé geôlier : un porte-clefs lui est indispensable, et tous deux réclament des appointements. Il faut du bois pour dégeler les *Corridors*, des lampions pour les éclairer, quelques ustensiles de cuisine et autres. Qui soldera ces dépenses? Les détenus. Il est décidé qu'ils « paieront pension »; on le leur fait savoir; ils protestent : on leur a tout pris; ils n'ont rien. Pour s'assurer de leur pénurie, on les oblige à remettre aux administrateurs du district les sommes dont ils sont munis; le relevé de leurs déclarations est lamentable : le plus opulent est un curé, nommé Tafoureau : il dépose 185 livres; mais les autres... Toute la fortune d'un Père trappiste se monte à 9 livres 5 sous; l'abbé Boutigny, curé d'Yères, n'a pas un liard; l'abbé Bonaventure Ferey, curé constitutionnel et chapelain de la cathédrale de Coutances, n'est pas plus riche; un boucher de Mayenne et sa femme n'ont, pour eux deux, que 22 sous; un prêtre octogénaire donne les 10 livres dont se compose tout son avoir; deux sœurs de charité avouent qu'elles ne possèdent rien du tout et qu'elles vivent « aux frais des autres ». Ceux dont les ressources atteignent 60 livres sont rares; la moyenne se traîne entre 20 et 25 francs. Maintenant que l'on sait ce dont ils disposent, on restitue à chacun d'eux son argent, en retenant sur la masse 1 404 livres pour vingt-trois jours de *pension* en frimaire; on leur prendra le double le mois suivant et rien que les frais de garde leur sont comptés à 1 800 livres par mois. Il faut citer l'ingénieux initiateur de cette économique combinaison qui assimilait la prison à une villégiature d'agrément : les municipaux de Rambouillet y étaient étrangers; elle était due à l'un des administrateurs du district de Dourdan, qui se faisait appeler La Montagne : — un prudent pseudonyme au goût du jour, très probablement.

On pourrait prolonger le récit de cette captivité, fertile en incidents caractéristiques : voici, en frimaire encore, l'invasion soudaine de six cent quatre-vingt-deux nouveaux prisonniers; quatre cents sont à pied; le reste, — vieillards, femmes, malades, — sont portés sur quarante-sept charrettes; ils viennent de Chartres, de Laval, du Maine, de l'Anjou, de plus loin. Impossible de les loger dans les *Corridors;* on les empile dans l'église avant de les expédier, par pelotons de cent, vers diverses localités du département, Pontoise, Gonesse, Corbeil, Étampes, Montfort-l'Amaury, devenu Montfort-le-Brutus. Le fonctionnaire versaillais qui préside à cette répartition, note : « J'ai bien examiné les figures... Ce ne sont rien moins que des paysans mal vêtus et semblables aux Limousins. En arrivant ils ont tous joint les mains et fait leur prière : ce ne sont absolument que des fanatiques embêtés par les calotins. » Voici, presque en même temps, l'arrivée de cent quatre-vingt-dix-sept prisonniers autrichiens, mais ceux-ci ne feront que passer; — voici la terreur panique du geôlier qui, apprenant la condamnation à mort et l'exécution de son collègue de Pontoise, coupable de l'évasion d'un de ses pensionnaires, réclame à hauts cris des verrous et des grilles, et s'effraie de sa responsabilité; — voici, en prairial, les *Corridors* transformés en hôpital militaire et les détenus, au nombre de 215, transférés dans l'ancienne Vénerie, située près du Rondeau, à l'extrémité de la ville; les bâtiments en sont délabrés; il pleut dans les chambres; une épidémie de dysenterie sanguinolente s'y déclare et se propage dans le quartier environnant. Manque d'espace, mauvaise nourriture, défaut de toute hygiène, effroyable dénuement de cet entassement de misérables, telles sont les causes du mal. Il y a bien, joignant la prison, l'*Ébat* qui est clos de murs et où les suspects pourraient prendre l'air; l'*Ébat*, c'était jadis le promenoir des chiens; mais le district de Dourdan l'interdit à ses captifs : quarante mourront de cette claustration dans la pourriture et quand, enfin, la Terreur finie, le geôlier rassuré, les survivants seront autorisés à se promener autour du Rondeau, ils ne seront plus que des spectres, couverts de loques, défigurés, se traînant à peine. Après seize mois de détention, on ouvrira leur cage et, sans un sou vaillant, exténués, mendiant sur la route, ils entreprendront des voyages de cinquante, de soixante-dix, de cent lieues pour retourner chez eux; ils n'y trouveront plus rien de ce qui jadis les faisait vivre. Un seul aura été guillotiné : c'est l'abbé Bonaventure Ferey, dont le nom a déjà été cité :

il avait prêté le serment constitutionnel et le rétracta avec éclat par une lettre écrite de la prison des *Corridors;* il s'accusait « du crime horrible d'intrusion » et protestait qu'il restait obstinément fidèle au Roi et à la famille royale. Une telle déclaration, en mars 1794, équivalait à un suicide. Le Comité de surveillance de Rambouillet, qui reçut cette déclaration, la transmit au district de Dourdan avec cette apostille : *Vous vairez dans son contenu que jamais la nature n'a enfantée un pareil monstre.*

L'échafaud prit à Rambouillet d'autres têtes : celle de Martin Corteuil, lieutenant des chasses, qui habitait, sur la route de Chartres (boulevard Voirin actuel), la petite et charmante maison de style Louis XVI qu'on voit encore aujourd'hui; — celle de François Brou, inspecteur de la forêt; il était logé dans le pavillon du parc qui abrite aujourd'hui ses successeurs; — celles de l'ancien procureur fiscal Hocmelle, du vicaire Huard, de l'ex-député aux États Généraux Lallier. Corteuil était accusé d'avoir refusé aux patriotes un arbre de la forêt pour le transplanter sur la place de la commune; on lui reprochait aussi d'avoir caché dans le château la femme Angiviller... On avait signalé Brou comme étant un chevalier du poignard : rancune de braconniers. Le vicaire, pour avoir sollicité la charité de ses concitoyens en faveur des détenus de la Vénerie, se voyait inculpé de quête « au profit des émigrés et des rebelles ». On reprochait aux deux autres des propos contre la Convention. Tous niaient; ils périrent le 11 messidor. L'immense majorité des habitants de Rambouillet déplorait ces sanglantes rigueurs : ils en imputaient la responsabilité à l'un de leurs concitoyens qui, devant la réprobation unanime, fut obligé de quitter le pays.

Car là, comme ailleurs, quand la Terreur prit fin, les haines étaient vives contre les démagogues qui avaient dévoyé la Révolution et déçu tant et de si belles espérances. Comme ailleurs aussi, le désastre semblait sans remède et la petite ville, née de la forêt et du château, redevable à tous les deux de sa prospérité, se trouvait désemparée comme une orpheline par la perte de l'un et de l'autre. La forêt vivait encore ; mais dans quel état ! Malgré son éternelle jeunesse, à l'époque du Directoire, elle agonisait : amputée de toutes les terres non boisées, vendues pour quelques poignées d'assignats sans valeur, augmentée, d'autre part, des bois provenant des abbayes supprimées et, principalement, de ceux des Vaux de Cernay, elle était ravagée par les habitants des villages et des nombreux hameaux qu'elle enserre ; ces malheureux, réduits à la misère, se livraient à des dilapidations continuelles, coupant dans les triages dont ils étaient voisins le bois nécessaire à leur existence et le vendant même, pour se procurer de l'argent, à des spéculateurs éhontés qui bénéficiaient de ce pillage. Jadis le nombre des bestiaux admis à pâturer dans la forêt royale « n'excédait pas mille, car on réservait cette faveur aux plus pauvres censitaires du domaine » ; tous les régionaux étant devenus misérables, ils généralisaient cette ancienne tolérance ; en 1795 deux mille bestiaux broutaient les jeunes pousses et les rejets, saccageaient les taillis, rongeaient l'écorce des baliveaux ; en l'an V ils étaient cinq mille. Un arrêté du Directoire interdit ces néfastes abus ; mais les gardes qui, comme on l'a dit, avaient conservé leur emploi, étaient sans autorité. Comment sévir, d'ailleurs, contre toute une population à qui on a dit et répété qu'elle est la souveraine et qui considère comme sa propriété ces bois dont on a supprimé les maîtres? En outre, aux suspects détenus ont succédé des prisonniers de guerre; Rambouillet en héberge plus d'un millier; ces étrangers se répandent dans la forêt où ils cassent et coupent du bois, soit pour cuire leur soupe, soit pour chauffer l'eau nécessaire à la lessive de leurs loques, risquant ainsi de mettre le feu aux broussailles et d'incendier tout un canton.

Quant au château et à son parc, ils sont condamnés; déjà « la Vénerie, le Grand chenil, la capitainerie des chasses, l'hôtel d'Angiviller ont été adjugés à des particuliers, démolis ou défigurés ». Le potager créé par Hubert Robert et où la fantaisie du grand artiste a réalisé des merveilles, — allées tournantes bordées d'arbres fruitiers, arceaux fleuris, colonnades de charmilles, — le potager est morcelé; les parterres, bouleversés, sont convertis en jardinets particuliers; le Rondeau est un lavoir public et le Tapis vert une pâture communale où se dresse l'autel de la Patrie. Parmi ces dévastations, le château est provisoirement préservé; là c'est le silence et le délabrement des maisons à vendre, si émouvants lorsque cet abandon évoque le souvenir de réunions brillantes et l'élégante animation des heureux de la terre; il semble que toutes les joies qu'elles ont abritées ajoutent à la tristesse de leur déchéance. Imagine-t-on l'aspect de ruines de ces grandes pièces inhabitées depuis cinq ou six ans, les murs dégarnis de leurs tentures, montrant leurs briques et leurs plâtras; les parquets souillés

de la boue apportée par les gros souliers des déména-
geurs ; les vitres ternies par la poussière ou brisées derrière
les volets clos ; l'odeur de cave dont s'imprègnent les
demeures sans hôtes, et, traînant partout, les vestiges
informes de la spoliation : chiffons d'étoffes ou de rubans,
bouts de papier, vaisselle cassée, paille et copeaux laissés
par les emballeurs et que personne n'a balayés ? A quoi
bon ? On entreprendra cette besogne quand l'acquéreur
éventuel sera là pour la payer.

On met en vente ; c'est décidé : un rapport au Directoire exécutif, en date du 26 nivôse an VI, établit que
la République ne gardera, de l'ancien domaine, rien que
« la Ferme et les bâtiments nécessaires à l'exploitation
rurale » ; tout le reste, qui n'est d'aucune utilité, tout ce
qui est réputé « ne pouvoir servir aux jouissances du
peuple ou à former des établissements profitables aux
arts ou à l'agriculture », sera aliéné. Dans un précédent
rapport, il est vrai, le régisseur observe qu'il sera difficile
de trouver un citoyen assez riche pour occuper le château,
et, ici, quelques renseignements topographiques qui ne
sont pas à négliger : « Au rez-de-chaussée, dix-huit pièces,
tant grandes que petites, et qui servaient de réchauffoirs,
salle à manger, salle de dressage, grande salle décorée
en compartiments — (c'est la salle de marbre), — deux
salles des gardes, un billard, trois pièces pour les bains,
deux appartements de compagnie et conciergerie. Au premier étage, un appartement composé de trois pièces et
garde-robe — (probablement l'appartement du Roi), —
un second appartement de quatre grandes et deux petites
pièces — (c'est là, sans doute, l'appartement dit de la
Reine), — un autre comportant six grandes pièces —

(peut-être l'appartement d'assemblée, aux belles boiseries)
— et un quatrième formé de trois pièces et garde-robe ».
Au second étage, sept appartements composés chacun
d'une antichambre, d'une chambre, d'un cabinet et d'une
garde-robe. Au troisième étage, enfin, seize appartements
de deux ou trois pièces « pour compagnie », plus six
pièces pour loger les serviteurs, et huit petites pièces dans
les combles ; au total cent quinze pièces qui se commandent ou se superposent de façon à rendre impossible
une location divisée. Et que faire des *Corridors*, ce vaste
bâtiment des communs qu'un souterrain relie au château ? Là étaient les cuisines, offices, remises, magasins,
bûchers, lavoirs et écuries : ne pourrait-on y réunir tous
les fonctionnaires de la ville, tous les agents de l'Administration qui sont dans le cas de jouir de cet avantage ?
Mais la réalisation de ce projet entraînerait des travaux
assez importants. Peut-être serait-il préférable de convertir ces communs en caserne ou en maison d'éducation ?

Il faudra nécessairement conserver les canaux ; « avant
leur création les terrains qu'ils occupent étaient des
marais fangeux, un vrai cloaque, dont les émanations
rendaient extrêmement malsain le séjour de Rambouillet,
et les habitants redoutent que l'entretien de ces vastes
nappes d'eau soit négligé si elles deviennent propriété
particulière » ; mais le parc anglais du duc de Penthièvre
sera compris dans les objets de la vente : et voilà menacés
le pavillon des coquillages et la Laiterie qui n'offrent, ni
l'une ni l'autre, aucun caractère d'utilité. La *Chevrière*
de Julien va-t-elle donc être vendue ?

Par bonheur elle avait un amoureux anonyme, membre
du Conseil de conservation des objets d'art et de science :

il s'alarme, proteste contre cette déplorable éventualité; le conseil dépêche à Rambouillet un inspecteur qui, muni de pleins pouvoirs, se présente au citoyen Fourneau, concierge de la Laiterie, se fait ouvrir les portes du petit temple où repose le chef-d'œuvre et constate son parfait état de conservation : le marbre, non plus que les bas-reliefs du même artiste dont les murs des deux salles sont ornés, ne courent aucun risque dans l'endroit bien clos qui les abrite; mais la vente de Rambouillet est imminente et il est urgent de soustraire à l'encan ces remarquables œuvres d'art. Plusieurs mois s'écouleront avant qu'on prenne une résolution, et la *Chevrière* passe tout l'hiver sous son rocher. Au printemps de l'an V, des hommes, venus de Versailles, se saisissent de son corps charmant, la clouent dans une grande caisse et l'emportent loin de la grotte, cadre pittoresque fait pour sa beauté. Trois ans plus tard les bas-reliefs de Julien furent enlevés à leur tour : on n'en laissa qu'un seul à la Laiterie, celui placé dans le tympan du fronton; il y est encore; les cinq autres prirent la route d'un château, voisin de Rueil, appelé la Malmaison, nom jusqu'alors obscur et qui allait devenir aussi célèbre que celui des résidences royales les plus réputées. C'était la villégiature de l'homme prodigieux qui venait de clore la Révolution. Tout cédait à son prestige; ses moindres fantaisies avaient force de loi; comme il avait témoigné le désir d'orner d'œuvres d'art sa résidence particulière, on lui adjugea, sans façon, les marbres de Julien. Il ne les connaissait pas, n'étant jamais venu à Rambouillet; bien plus, en les concédant à la Malmaison, ce n'était pas à Bonaparte qu'on les offrait, mais à sa femme qui avait acquis cette maison de campagne en son nom personnel. Cette donation était donc des plus irrégulières : elle s'opéra pourtant, et, — fait inouï, — sans paperasserie car, dans les archives, on ne trouve trace ni d'une demande, ni même de l'enlèvement, du transport et de la livraison de ces œuvres d'art appartenant à la Nation. Heureusement la *Chevrière* n'était pas du lot : depuis trois ans perdue parmi d'autres statues, comme elle déracinées, elle se trouvait exilée au Musée Central de Versailles où s'accumulaient les objets précieux soustraits par la sollicitude de quelques artistes au vandalisme révolutionnaire.

IX

L'EMPEREUR

Rambouillet vit, pour la première fois, Napoléon, le 4 novembre 1804. Le nouveau César venait de Saint-Cloud où il retourna après un coup d'œil au château et au parc ; le maréchal Berthier, qui l'accompagnait dans cette courte visite, s'intéressait à la Forêt et aux Bergeries en sa qualité de Grand Veneur, emploi qu'il cumulait avec celui de ministre de la Guerre. D'ailleurs, le sénatus-consulte du 18 avril précédent, en élevant le Premier Consul à la dignité impériale, avait attribué au souverain la même liste civile que celle dont la Constituante avait doté Louis XVI ; le château de Rambouillet était donc promu au rang de palais impérial et l'on consacrait à sa réfection une somme de 256 300 francs 75 centimes. Nul n'ignore que, le 24 décembre 1800, une machine infernale avait éclaté sur le passage de Bonaparte se rendant à l'Opéra. Le Consul ne fut pas atteint, mais l'effroyable explosion fit un grand nombre de victimes : neuf morts et plus de soixante blessés. Cet événement mémorable paraît n'avoir aucun rapport avec l'histoire de Rambouillet. Erreur. L'explosion de la rue Saint-Nicaise allait, par répercussion, causer à la vieille demeure des Montausier et des d'Angennes un dommage irréparable et voici comment : parmi les malheureux qui gisaient, tout sanglants, sur le pavé, on ramassa un homme lardé de fragments de verre, de bois et de ferrailles ; l'une de ses jambes était presque arrachée ; il se nommait Trepsat et était architecte. On le rapporta mourant à son domicile, rue de Bourgogne. On l'amputa. Il guérit et, comme le gouvernement lui devait une indemnité, il fut nommé, en 1802, architecte du château de Rambouillet.

Trepsat voyait grand : à peine installé, découvrit-il, dans ses archives, les superbes plans du vaste palais qu'avaient rêvé de bâtir les architectes de Louis XVI, ou détenait-il personnellement un projet de reconstruction complète ? C'est probable, car il déclara que le château ne tenait plus debout et n'était bon qu'à démolir. L'Empereur s'y opposa : Compiègne, Saint-Cloud, Fontainebleau, Laeken, Mayence, Stupini, Turin, Milan lui suffisaient : ce qu'il voulait à Rambouillet, c'était un simple rendez-vous de chasse, souhaitant seulement que la Cour d'honneur fût un peu moins étroite, que la vue fût plus dégagée du côté de la ville, et qu'on remplaçât le vieil escalier qu'on n'avait point changé de place depuis le moyen âge, par un degré à double rampe desservant, d'un côté ses appartements, de l'autre ceux de l'Impéra-

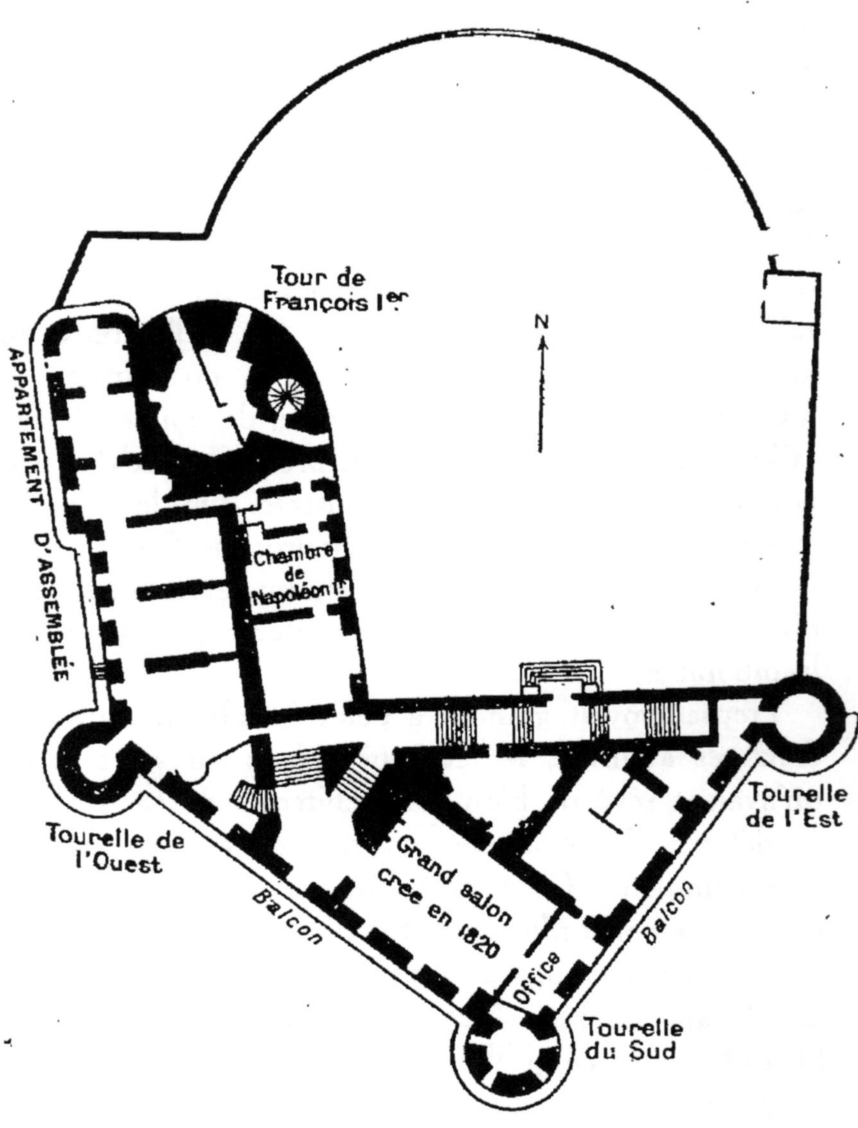

Le Château de Rambouillet après l'amputation de l'aile de l'Est. (Époques de Napoléon Ier, de Charles X, etc.). État actuel.

trice. Sur quoi Trepsat convoqua ses terrassiers et jeta bas toute l'aile de l'est, celle qu'avait somptueusement aménagée le comte de Toulouse, y compris la tourelle adjacente et l'antique porte fortifiée qui, faisant pendant à la Tour de François Ier, équilibrait l'aspect général. « Il fallut employer la mine pour venir à bout de ces assises séculaires. » Cette amputation, outre qu'elle supprimait la partie la plus confortablement logeable du château, en déplaçait l'axe puisque le beau portique, donnant accès au vestibule, ne se trouvait plus au milieu de la façade, maintenant élargie vers l'est de toute l'épaisseur de l'aile démolie. Trepsat fut donc entraîné à détruire ce portique et cette façade pour en bâtir une de son goût, agrémentée d'un portail où la maçonnerie n'est pas ménagée et ressemble à une gigantesque lucarne. Cette lourde poterne s'ouvrait bien au centre de la nouvelle façade, mais, par suite, elle ne donnait pas directement au grand vestibule, et n'était plus dans l'axe de l'avenue qui monte vers la grille des deux pavillons et se continue, durant plus d'une lieue, à travers la forêt. Il fallut donc encore dévier cette belle allée, et ce défaut de rectitude est assez sensible pour qui se trouve sur le perron du château. Trepsat, afin d'amortir quelque peu l'effet désastreux de ces « embellissements », rétablit, en l'avançant de quelques mètres, la tourelle de l'est qu'il venait d'abattre; enfin, comme il lui restait une masse de pierres et de gravois provenant de ses démolitions, il employa ces matériaux à combler le bassin du Miroir. Dès lors, le château, défiguré, affecta cette forme déconcertante qu'il a conservée jusqu'à nos jours; mais l'Empereur avait ses deux escaliers et se déclara satisfait;

Berthier félicita l'architecte qui avait « très bien saisi les intentions de Sa Majesté ».

Napoléon revint à Rambouillet le 14 mars 1805; les travaux n'étaient certainement pas terminés; il exigeait, dit-on, que tout fût en état de le recevoir à la fin du printemps; sur l'observation que la chose était impossible, il accorda un délai de quelques mois. Ce qui apparaît très nettement dans les documents d'archives, c'est le branle-bas occasionné par cet ordre dans tous les services de la Maison impériale : le château, en effet, est complètement dégarni depuis la vente de l'an II et il faut, d'urgence, improviser un mobilier. Dès le 27 mars, ça commence : le menuisier Adam fournit « soixante-seize lits de sangle, vingt tables de chêne à quatre pieds ornées de moulures, une table de vingt couverts avec ses huit allonges »; au tourneur Lambert on commande « cent quinze chaises à dossier découpé » et « cent huit » à la dame Lenoble. Le 15 avril arrivent de chez Séjournant, faïencier, « cent vingt vases de nuit, dont quarante en faïence de Sceaux, quarante en faïence de Rouen, plus une carafe à eau, en cristal, marquée d'un N couronné ». L'envoi de Boulard, menuisier, se compose « d'un lit d'acajou à pilastres, d'une couronne pour servir de dais, et aussi de soixante-dix lits de sangle, de quarante-neuf tables de nuit, de cinquante-sept chaises d'affaires, de vingt-six petits meubles de toilette intime et de quatre cents porte-manteaux ». M. Brongnart, inspecteur du mobilier impérial, vient, le 16 avril, diriger l'emménagement; le 26 arrivent « quatre cent vingt-sept colis pesant 8 982 kilogs » et le 16 mai débarquera un nouvel arrivage « du poids de 22 853 kilogs ». On en déballe « quatre corps de bibliothèque en bois d'acajou, dix colonnes en stuc, un somno d'acajou avec ornements dorés, un lavabo en marqueterie garni de son pot à l'eau, deux quinquets à une branche et un à trois branches, six X en drap vert, un grand bureau en marqueterie... » On prend à Trianon « le grand lit et tous ses accessoires, panaches de plumes, sommier, matelas, deux traversins, toutes les commodes à dessus de marbre, des matelas, des sièges, un billard, une glace à roulettes avec ses appliques... » Au Butard on enlève « douze chaises en bois, deux bergères et quatre fauteuils couverts de gourgouran ». On emprunte à l'appartement de l'Empereur, à Saint-Cloud, « plusieurs paires de candélabres, trois lustres, quatre paires de flambeaux à vases, côtes argentées ». Et les arrivages ne cessent pas : « quarante-deux fauteuils, vingt et une bergères, trente tabourets à double X en noyer doré et couverts de velours d'Utrecht jaune; deux grands fauteuils dorés, une table à quadrille en acajou, garnie de drap vert... » Voici des porte-serviettes, des flambeaux en fer battu, en argent, en or mat, en bronze; cinq douzaines de miroirs à bordure vernie, cinquante autres à bordure de noyer, quarante et une paires de mouchettes, douze garde-feu à six feuilles, des balais, des plumeaux, des écritoires, des cafetières que Hébert, le nouveau concierge du château, se charge de choisir. Hébert avait été le premier valet de chambre de Napoléon; c'est lui que Constant remplaçait auprès de l'Empereur.

Peut-on, du moins, de ces fastidieuses nomenclatures tirer quelques indications sur la distribution et la décoration du château à l'époque impériale? On n'obtient pas une précision absolue, mais on discerne, cependant, de façon certaine que, abandonnant à l'Impératrice les pièces qui, sous ses prédécesseurs, avaient formé l'appartement du Roi, Napoléon s'est installé dans l'appartement dit d'assemblée, les pièces aux belles boiseries. La première salle, qui fut la salle à manger de Louis XV et de Louis XVI, reste la salle à manger de l'Empereur; on y voit deux fauteuils sculptés et dorés, couverts de velours bleu; sous la table, un tapis « dessin gazon ». — Dans le salon suivant, les rideaux des deux croisées sont de gros de Tours vert; les meubles, — deux fauteuils, trente pliants, une causeuse, un écran, — sont garnis de gourgouran rayé vert; il y a, en outre, deux consoles en acajou, « les pieds de devant à termes surmontés d'une figure de bronze ciselé et doré ». Un rideau de taffetas vert couvre la grande carte des chasses, dressée au temps du duc de Penthièvre et remaniée sous Louis XVI, de la main même du Roi, dit-on. Sur la cheminée, une pendule en marbre noir, supportant le groupe des adieux d'Hector et d'Andromaque. — Le second salon est tendu de *quinze-seize*, sorte de lampas, blanc mat; deux fauteuils en bois sculpté et doré couverts en moire blanche, encadrée d'une bordure brochée vert uni; six chaises assorties; deux canapés de bois doré garnis de gourgouran. — L'une des deux pièces qui prolongent l'appartement est convertie en un salon de repos pour l'Empereur : une fenêtre seulement dont les rideaux sont de *quinze-seize* vert, bordé de velours amarante, avec bandeau de gourgouran orangé; la « niche de repos » est tendue de soie ponceau; le lit qui s'y trouve est en bois de hêtre avec bande d'acajou par le bas : deux traversins, trois oreillers, le tout en gourgouran vert velouté, encadré de bordures ponceau; deux fauteuils et quatre chaises d'acajou garnies de même. Un escalier étroit descend de cette pièce à la bibliothèque et au cabinet topographique situés au rez-de-chaussée; on en couvre les marches d'une forte moquette et on y tient allumées « trois lampes très propres faites pour l'emplacement ».

Cet escalier, ainsi que le petit couloir qui communique aux pièces donnant sur la cour, sont entièrement creusés dans les formidables murs de la Tour de François Ier, travail ardu et lent, exécuté en décembre 1806, non sans lamentations de l'architecte : — « sept pieds cubes de pierre à percer, écrit-il, et l'emplacement tellement exigu qu'on n'y peut employer plus de deux ouvriers à la fois ». Communication indispensable, cependant, car c'est dans ces pièces prenant jour sur la cour que l'Empereur a sa salle de bains, sa chambre à coucher et son cabinet de travail.

Il est inutile de décrire le cabinet de bains, qui a conservé presque intacte la décoration payée 2 857 francs aux peintres Vasserot et Godard. Outre la baignoire en cuivre étamé, le mobilier comporte, au temps de l'Empereur, un canapé, un grand fauteuil, quatre chaises, un tabouret de pied en acajou tendu de toile blanche, une commode de même bois à bronzes dorés et un tabouret de baignoire, garni en plomb, couvert également de toile blanche; on y voit aussi un « seau pour bain de pieds », seau en tôle vernie, couleur amarante, imitant la cuve antique, avec faux anneaux dorés; les fonds de baignoire sont de basin uni, à falbalas de mousseline brodée. — La chambre à coucher voisine est tendue de *quinze-seize* bleu; la literie se compose « d'un sommier de futaine et crin, de trois matelas en futaine et mère-laine épurée à l'ébullition, d'un lit de plumes, d'un traversin et de quatre oreillers en duvet de Hollande superfin, couverts de basin ». Comme meubles, on ne cite qu'un grand canapé en étoffe semblable à la tenture, et deux tabourets, « l'un pour servir à la toilette de Sa Majesté, l'autre pour le moment où Elle monte dans son lit »; enfin, un « pied en acajou, composé de quatre pilastres surmontés de têtes de naïades en bronze doré, servant de monture à un lavabo en porcelaine de 20 pouces (52 centimètres) de diamètre ». — Le cabinet de travail est « vert papier », le bureau d'acajou « à frise de cuivre doré et dessus de maroquin vert à dentelles d'or »; on y voit un fauteuil à pieds étrusques couvert d'étoffe satinée à rosaces, deux autres en casimir couleur or; une pendule en marbre noir est sur la cheminée, devant laquelle se dresse un écran de taffetas vert. Un seul luxe, l'éclairage : un flambeau de bureau à trois branches, deux autres à bras dorés avec garde-vue, quatre autres encore dorés d'or mat.

Description bien incomplète, car les inventaires ne désignent pas toujours la pièce où sont placés les objets qu'ils énumèrent. En outre, il apparaît que la décoration et les meubles étaient renouvelés assez fréquemment. Il en était de même chez l'Impératrice, logée dans l'appartement qui, depuis Louis XIV, avait été réservé au Roi. De crainte de lasser le lecteur, on ne détaillera pas ici le mobilier de ces pièces; leur simple nomenclature démontre que la grande salle à manger actuelle était alors une antichambre et un salon; venaient ensuite, en retour sur le parterre du sud, un grand salon à trois fenêtres, la chambre à coucher, un cabinet joignant la chambre, un autre réservé à la toilette et un boudoir circulaire pratiqué, soit dans la tour du sud, soit, plus probablement, dans celle de l'est.

L'Empereur était frileux; on avait installé, au rez-de-chaussée de la Tour de François Ier et dans la pièce suivante, qui était une chambre de veille, de gros poêles en faïence destinés à chauffer, au moyen de tuyaux de chaleur dont la pose coûta 35 900 francs, les salons du premier étage, particulièrement le cabinet de repos, le cabinet de travail, la chambre à coucher et la salle de bains, confortable presque inouï à cette époque. L'éclairage, en revanche, était rudimentaire; nos ancêtres ne se montraient pas exigeants sur cet article : ainsi, dans l'antichambre de l'Impératrice, n'y a-t-il que deux lampes à un bec et, dans le grand salon, quatre flambeaux et quatre appliques seulement, ce qui, dans cette vaste pièce, constituait un luminaire bien misérable; un lustre, dont il n'est pas fait mention, suppléait probablement à cette insuffisance. Car on jouait dans ces salons et il y fallait voir clair : Biennais, tabletier de Leurs Majestés Impériales et Royales, fournit « deux tables de trictrac en acajou, le dessus en maroquin, avec frises dorées, garnies de leurs dames vertes et blanches; — une table de bouillotte, en acajou moiré; un flambeau et sa bobèche de bronze doré et ciselé; six tables à quadrille en acajou veiné; un damier en acajou avec ses dames en ivoire vertes et blanches; un jeu d'échecs, ivoire vert et blanc; deux jeux de loto-dauphin et six boîtes de fiches ».

Peut-être s'abuse-t-on; mais ces détails, jugés insignifiants, nous rapprochent, semble-t-il, de ceux que l'Histoire nous montre toujours dans l'apparat trompeur de la scène et qu'on regrette de ne jamais surprendre dans l'intimité du chez-soi. Ce qui étonne, c'est la facilité avec laquelle l'ex-petit lieutenant d'artillerie qui, à Auxonne, jadis, ne faisait qu'un repas chaque jour par raison d'économie, se façonne à ce harcelant attirail de Cour, à ces raffinements de luxe, sans en être ni importuné ni ébloui. Ce doit être très embarrassant, et même très difficile, d'habiter des palais tels que les Tuileries, Compiègne ou Fontainebleau, quand on a vécu, durant des années, dans une modeste chambre d'hôtel meublé. Passe encore pour Rambouillet; Napoléon s'y trouvait certainement à l'étroit, encore qu'il considérât cette résidence comme un endroit retiré où il pourrait venir, de temps à autre, pour s'y reposer un jour ou deux, sans parade ni cérémonie. Tout de même, quand on n'y a pas été accoutumé dès l'enfance, on ne peut se défendre d'une certaine gêne à s'installer dans un bon fauteuil et à laisser les dames, nobles et souvent âgées, qu'on reçoit, se morfondre sur de simples pliants. A Rambouillet, on l'a remarqué, sauf dans les pièces d'intimité, il n'y a jamais que deux fauteuils, un pour l'Empereur, un autre pour l'Impératrice; or les déplacements de Leurs Majestés mobilisent près de trois cents personnes et le château du comte de Toulouse revoyait les cohues et les encombrements occasionnés naguère par les voyages de Louis XIV et de Louis XV.

Il ne faut pas attendre de ces comptes de fournisseurs des révélations bien surprenantes; mais, en les feuilletant, on rencontre certaines indications qui touchent à la grande Histoire : celle-ci, en mai 1810 : « Suppression des chiffres de Sa Majesté l'impératrice Joséphine. » L'Empereur a divorcé; il épouse l'archiduchesse d'Autriche; il projette de l'amener à Rambouillet et il ne faut pas qu'elle y trouve un rappel de celle qu'elle remplace. A la même époque il commande « d'arranger la chapelle »; ce modeste oratoire, occupant le premier étage de la tourelle de l'ouest, a dû être peu fréquenté depuis le dernier séjour de Louis XVI; mais la nouvelle impératrice a été élevée dévotement et son mari veut qu'elle puisse ne rien négliger de ses habitudes de piété. On ornera donc cet oratoire de « huit pilastres en bois de chêne; on placera un tabernacle sur l'autel; le plafond sera passé au blanc de roi et, dans les caissons, on peindra des abeilles et des ajustements relatifs au culte ». Et l'Empereur songe que son appartement est bien éloigné de celui de sa jeune femme; il ne pourra la surprendre sans que tout le personnel du château soit informé de ses visites. Aussitôt il ordonne d'établir, sur toute la façade donnant sur le parc, « un long balcon qui lui fournira le moyen d'aller, par les dehors de ses cabinets, dans tous les appartements de l'Impératrice ». Le sieur Fauconnier, serrurier à Paris, exécute ce travail : le nouveau balcon, à barreaux droits, est raccordé au vieux balcon Louis XV qui règne, depuis le temps du comte de Toulouse, le long de l'appartement d'assemblée; on le garnit d'un grillage; on le peint en gris : c'est celui qui existe encore et que décore gracieusement, durant la belle saison, une guirlande de pétunias. A vrai dire, on n'imagine pas bien Napoléon, sortant de son cabinet de repos, et s'engageant, en pleine nuit, vêtu d'une robe de chambre et une lanterne à la main, — car il y a des marches à descendre, — sur cet étroit balcon qui épouse la circonférence des tourelles, et, après un parcours de 90 mètres, conduit à une petite porte qu'on aperçoit aujourd'hui, à demi cachée sous le lierre de la tourelle de l'est : c'était alors la porte du boudoir de Marie-Louise. Se représente-t-on l'Empereur amoureux, frappant à cette porte en attendant qu'elle s'ouvre ?

Dans ces années 1811 et 1812, la galanterie impériale se manifesta encore par des embellissements au parc, qui, déjà au temps de Louis XVI, sous l'influence d'Hubert Robert, avait perdu quelque peu de ses charmilles rectilignes et des beaux alignements du grand siècle pour prendre, par endroits, l'aspect de jardins dits « paysagistes ». Le Tapis vert, par exemple, avec ses futaies de hauts pins à troncs rouges, porte la signature d'Hubert Robert. En 1806 et en 1807, on avait curé les canaux ainsi que le Rondeau, et fait venir, de Laeken, une soixantaine de cygnes qui, de Bruxelles à Rambouillet, voyagèrent dans des paniers. Le pont de pierre jeté sur le canal, à l'extrémité des quinconces, avait été démoli et remplacé par un pont en bois ; mais celui-ci manquait de solidité ; en 1811, il menaçait ruine. On parla de le supprimer, car « s'il était d'une grande utilité pour les départs et les retours de la chasse », il présentait l'inconvénient de servir aux maraîchers et marchands de bestiaux qui, les jours de marché, venus de Gazeran, de Saint-Hilarion ou de la Beauce voisine, dételaient leurs charrettes et parquaient leurs bestiaux dans un grand terrain triangulaire, situé entre l'avant-cour du château et les quinconces, et utilisé comme décharge et dépôt d'immondices : ce cloaque s'étendait jusque sous le balcon du cabinet de Sa Majesté ; on proposait de le clore et de le convertir en jardin pittoresque, — projet qui fut réalisé depuis lors.

La grande modification apportée aux parterres d'eau fut le boisement des îles; elles étaient toujours restées jusqu'alors, on l'a dit déjà, à l'état de prairies; les élégants vergers aménagés sous Louis XVI dans l'île du potager n'en avaient pas sensiblement changé le caractère. En 1811 et 1812, on y planta dix mille arbres, chênes, hêtres, platanes et sapins; « on augmentait ainsi de vingt-cinq hectares les jardins de Sa Majesté ». Afin d'y pouvoir aborder, on créa une flottille composée d'une gondole vénitienne peinte en bleu et blanc et de deux canots, l'un gris, l'autre vert; chacun d'eux était gréé d'un mât de pavillon, et les mariniers chargés de les conduire reçurent un habit et une culotte de drap vert avec galons aux manches et veste de couleur écarlate. Dans le même temps, l'Empereur, afin d'agrandir l'appartement de l'Impératrice, accordait un crédit de 400 000 francs pour la reconstruction de l'aile du château abattue cinq ans auparavant, et il ordonnait de restaurer l'ancien hôtel d'Angiviller, dévasté pendant la révolution, pour en faire le palais du Roi de Rome. Au nombre des meubles qu'on y apporta figure « un lit en fer formant berceau... » L'enfant impérial ne devait jamais occuper cette demeure, la seule en France qui fût élevée pour le recevoir.

Ainsi Napoléon se prenait manifestement de goût pour Rambouillet. L'itinéraire précieux, dressé par M. A. Schuermans, nous indique sûrement les dates de ses séjours. En 1806, il y vient trois fois; le 9 mai, parti de Saint-Cloud à deux heures, il arrive au château avec une suite imposante : l'impératrice Joséphine, la princesse Louis, le prince Borghèse, le prince de Hohenzollern, le duc d'Arenberg, le colonel général de service, deux grands officiers, onze officiers de la Maison, cinq dames, dix pages, quatre-vingt-dix officiers des écuries, cent trente-cinq chevaux d'attelage. On va courre le loup jusqu'à Dourdan et, le lendemain, pour permettre aux dames de danser, l'Impératrice fait venir des ménétriers et organise un bal champêtre ; le 11, à cinq heures de l'après-midi, on plie bagage pour retourner à Saint-Cloud. Moins d'un mois plus tard, l'Empereur revient à Rambouillet, le 2 juin ; puis le 16 août, lendemain de sa fête, et, cette fois, il reste neuf jours. Neuf jours encore en septembre 1807, — du 7 au 16. Quarante-quatre altesses, princes, princesses, maréchaux, hauts personnages à loger ; « les mieux lotis n'ont qu'une petite chambre ; il pleut à verse, tout le monde tousse » ; on déjeune à onze heures ; chasse l'après-midi ; on rentre transi, tard dans la soirée. L'Empereur commande : « Mesdames, je vous laisse un quart d'heure pour faire votre toilette ; ceux qui ne seront pas prêts mangeront avec les chats. » Le dîner dure « un quart d'heure ; puis whist ou reversis ; puis musique ; puis, quand le maître s'est retiré, causerie avec l'Impératrice jusqu'à deux heures du matin, tous les hommes debout, tués de fatigue. Le lendemain on recommence ». Le 10, l'Empereur chasse sur les canaux du parc et, le 11, dans la forêt. En 1808, revenant d'Espagne, il a traversé, pendant la nuit, Vendôme, Cloye, Châteaudun ; à cinq heures du matin il est à Chartres, à neuf heures à Maintenon, avant midi à Rambouillet où il déjeune ; il repart à deux heures, arrive une heure plus tard à Saint-Cloud... C'est, entre mille, un exemple de son infatigable activité. Mais, il y a mieux : le 29 octobre de cette même année, il quitte les Tuileries à onze heures du matin, dîne et couche à Rambouillet; le dimanche 30, il en part bien avant l'aube, prend la route de Vendôme, traverse Tours à minuit; le 31 il s'arrête vers dix heures du soir à Angoulême, atteint, le 1er novembre à onze heures du matin, Bordeaux où il ne séjourne que trois heures, poursuit sa route par Mont-de-Marsan où il passe sans s'arrêter, et, le 3, il est à Bayonne à deux heures de la nuit... Cinq jours sans se reposer dans un lit... Et, ce qui émerveille, c'est l'ordre et la méthode qui président à ces courses folles. Où qu'il aille, l'Empereur emmène toujours ses deux secrétaires, Méneval et Fain, et le ministre secrétaire d'État qui, lui, emmène ses bureaux; ils ont, à Rambouillet, un hôtel toujours prêt, comme à Fontainebleau et à Compiègne. La berline dans laquelle Napoléon voyage est très simple, à fond vert; on y a ménagé « des tiroirs et des compartiments pour recevoir un choix de livres, le portefeuille, les papiers qu'il emporte »; une lampe éclaire pendant la nuit l'intérieur de la voiture. Sur le siège de devant se place Roustam, le mameluk; sur celui de derrière sont les deux premiers valets de pied; à la portière de droite galope l'écuyer de service; à l'autre, le général commandant l'escorte, composée d'un piquet de cavalerie relevé de relais en relais. Suivent deux ou trois chaises de poste pour le grand maréchal, le grand écuyer, l'aide de camp et le chambellan de quartier. Ce n'est pas tout : « un premier service de voitures précède toujours avec une avance de douze heures au moins; un second service suit l'Empereur, en observant le même intervalle »; chacun d'eux comprend : « maréchaux des logis, fourriers, chambellans, préfets du palais, écuyers, secrétaires, serviteurs pour l'appartement, la table, la toilette, l'écurie. Tout ce qui est de luxe comme de nécessité s'y trouve; et ces deux services passent alternativement de l'arrière à l'avant et se relèvent l'un l'autre sans qu'on s'en aperçoive ». Il y a aussi, suivant de près la voiture de Sa Majesté, la cuisine des voyages, sorte de fourgon avec fourneau portatif, cave sans cesse renouvelée, batterie de cuisine complète, maître d'hôtel, deux cuisiniers et un « garçon ». L'Empereur, parfois, commande halte en pleine campagne, s'assied sous un arbre et demande son déjeuner. « Roustam et les valets de pied tirent du fourgon des petites casseroles d'argent couvertes, contenant poulets, perdreaux, etc... On allume le feu pour chauffer le café et, moins d'une demi-heure après, tout est rangé, remis en place; les voitures roulent dans le même ordre qu'avant la halte. »

Il est malaisé de comprendre comment les courriers qui précédaient de quelques heures les voitures impériales pouvaient fournir, à cheval, de tels trajets sans tomber de fatigue. Madame de la Tour du Pin ayant appris que Napoléon allait passer la Dordogne à Cubzac, où, à cette époque, le fameux pont n'existait pas, se rendit au bord du fleuve, afin de voir le héros. « Toute la population du pays bordait la route; le premier courrier parut; le général commandant le département lui demanda quand l'Empereur arriverait; cet homme était tellement fatigué qu'on ne put en tirer que le mot : « Passons. »

Son bidet sellé, il l'accompagna dans le bateau, puis il tomba comme mort au fond de l'embarcation d'où on le tira pour le remettre à cheval de l'autre côté de la rivière... »

On s'est laissé entraîner, à la suite de l'homme extraordinaire, loin de Rambouillet. Il y reparut six jours en 1809, à la veille de la campagne d'Autriche; l'année suivante, après le divorce, il y passa deux jours en février, puis y revint le 6 juillet et y séjourna jusqu'au 17; sans doute la nouvelle impératrice était-elle du voyage. En 1811, le couple impérial arrive de Saint-Cloud le 14 mai et reste toute la semaine à Rambouillet qu'il quitte le 22 pour se diriger vers la Normandie. Du 6 au 13 août, nouveau séjour. C'est le dernier des temps heureux : Napoléon ne rentrera dans le château que quatre ans plus tard, alors que, par deux fois, le monde se sera écroulé sous lui.

A chacun de ces voyages il ne manquait pas de convoquer le maire de Rambouillet et de le questionner sur les besoins de ses administrés : il s'intéressait particulièrement à une fabrique de sucre de betterave établie dans un bâtiment voisin de l'hospice fondé par la comtesse de Toulouse; mais il se plaisait aussi « à entendre parler du duc de Penthièvre, de Louis XVI et des grands travaux que le pauvre Roi projetait » pour la reconstruction du château. En 1812 l'Empereur fit parvenir à la municipalité une somme de 60 000 francs « pour le soulagement des pauvres du domaine »; d'ailleurs, il se montrait à tous fort simple et familier; il aimait la campagne et se considérait ici comme en une retraite dont la simplicité et le charme agreste autorisaient quelque répit. Il s'y trouvait déchargé du poids des grandeurs au point que parfois cette impression de délassement se traduisait par des retours à une sorte de gaminerie dont on cite quelques traits : on l'a vu, dans un rendez-vous de chasse, lancer un noyau de cerise au front d'un jeune garçon qui s'égosillait à crier *Vive l'Empereur!*

Les bonnes gens du pays étaient ravis par ces façons familières : on l'admirait, on était fier de le posséder, on l'aimait, — autant qu'on peut aimer un être incomparable et monté sur un tel pinacle qu'il apparaît hors d'atteinte. — Quel pressentiment le hantait? Seul entrevoyait-il l'avenir proche? Les derniers travaux qu'il ordonna au château, en octobre 1813, semblent être des travaux de défense : « 687 francs de verrous dans les appartements impériaux; — 974 francs pour vingt barres de fermeture aux portes du palais de Rambouillet; — 798 francs pour l'établissement d'autres barres de fer aux serrures de sûreté... » Dans les dernières semaines de cette année-là, passent jour et nuit par Rambouillet des convois de troupes ramenées d'Espagne en poste; « seul lieu de gîte entre Chartres et Versailles, la petite ville a eu, en quelques jours, 77 000 hommes à loger ». Ceux-là ne faisaient que traverser; mais, en sens inverse, il en arrivait d'autres, et plus redoutables : c'étaient des troupes de la Confédération Germanique, Prussiens, Wurtembergeois, Bavarois, enrôlés au service de France et qu'on expédiait « à l'arrière ». Ces étrangers haïssaient Bonaparte et juraient « qu'ils ne quitteraient pas Rambouillet sans avoir mis le feu au château du tyran ». Un jour, en effet, un incendie se déclara dans les communs.

Au cours des premiers mois de 1814, on vécut dans l'angoisse; « tout paraissait annoncer un grand bouleversement », et on apprit bientôt, malgré le silence des gazettes, que l'Europe entière marchait sur Paris.

Dès le milieu de février affluent, en bandes affamées et misérables, 24 000 prisonniers de guerre, russes pour la plupart. L'hospice, l'église, la salle d'audience du tribunal en sont encombrés : on réconforte ces malheureux de soupes cuisinées dans les chaudières de la manufacture de sucre de betterave; on leur distribue des tonnes d'eau sucrée; après une nuit de repos, on les charge sur des charrettes et on leur souhaite bon voyage. Une plus lamentable et dangereuse invasion leur succède : on évacue les hôpitaux de Paris, et, chaque jour, Rambouillet reçoit de 300 à 600 malades, presque tous infestés du typhus; ils sont empilés à l'hospice; il y en a jusque dans les combles, dans les corridors, dans les escaliers et, tous les soirs, vers six heures, l'affreux défilé commence et se prolonge jusqu'à 3 ou 4 heures du matin. Le terrible mal atteint tous ceux qui sont en rapport avec ces évacués; plusieurs infirmiers et deux sœurs hospitalières succombent, et, sur la route de Chartres, par laquelle on expédie ceux qui peuvent supporter le voyage, à Épernon, à Maintenon, leur passage propage la contagion et laisse une traînée de morts et d'infection.

Le 28 mars, les troupes françaises, cantonnées à Rambouillet, quittent la ville, se retirant précipitamment vers la Loire. Le lendemain, vers cinq heures du soir, les gens qui, sur la route de Paris, guettent les nouvelles, voient descendre de la Croix-Saint-Jacques, par la grande route droite qui forme une magnifique avenue, des cavaliers de la Garde, « grenadiers, chasseurs, lanciers, dragons, précédant et escortant une dizaine de berlines de ville, peintes aux armoiries impériales et que suit une interminable file de grands carrosses couverts de housses et de voitures de toute sorte, — deux cents chevaux, au moins ». C'est le cortège de l'Impératrice-régente Marie-Louise, fuyant Paris, en route depuis onze heures du matin.

Elle arrive au château, inhabité depuis deux ans et demi, descend de sa berline; elle est en amazone de drap brun; elle paraît fatiguée et fiévreuse; avec elle sont ses dames du palais, ses médecins, le petit Roi de Rome, qui a trois ans, accompagné de ses « trois gouvernantes : madame de Montesquiou, madame de Boubers, madame de Mesgrigny, de son écuyer, Canisy, et d'Auvity, son chirurgien ». Au départ des Tuileries, l'enfant impérial s'est débattu, « s'accrochant aux portes, à la rampe de l'escalier, criant qu'il ne voulait pas quitter sa maison... Puisque son papa était absent, c'était lui le maître... » Il avait fallu l'emporter.

Rambouillet, — « un vilain château qu'il n'aime pas », — dit le petit roi, n'est pas préparé pour recevoir la Cour fugitive. On s'entasse, on ne s'installe pas; rien n'est déballé des innombrables colis contenus dans les fourgons dont le défilé n'arrête pas, car on a tout emporté : les diamants de la Couronne, le Trésor, les toilettes, cachemires, robes, bijoux, dentelles : « 48 chapeaux, 85 paires de souliers, 30 paires de bottines », et tout ce qui peut être utile au cours d'un long voyage : « bassinoires, marabouts, lampes de nuit, les neuf nécessaires et les deux bidets de vermeil ». Et on ignore tout des événements : on ne sait où est l'Empereur; peut-être, en ce moment, est-il victorieux; peut-être a-t-il coupé les communications de l'ennemi et rentre-t-il triomphant dans Paris. Mais non. Dans la soirée arrive au galop le roi Joseph : tout va mal; les grands dignitaires sont en fuite; la chute de la capitale est fatale : c'est la débâcle, l'effondrement; il faut aller plus loin. — Où? — A Rennes? — à Tours? — à Blois? Quelle nuit! On croit que les cosaques sont à quatre lieues de Rambouillet; le receveur des Finances, dans la crainte d'être pillé, distribue ses fonds aux fonctionnaires, en avance sur leur traitement, et plusieurs quittent en hâte la ville, emmenant leur famille.

L'impératrice Marie-Louise pleure; cette jeune femme, — elle n'a pas vingt-trois ans, — voudrait rejoindre son mari; elle ne comprend rien à la catastrophe qu'elle sent imminente : pourquoi son père, l'empereur d'Autriche, qui l'a mariée à Napoléon, veut-il maintenant abattre ce gendre tant convoité? Que veut-on faire de son enfant et d'elle-même? Elle se sent le jouet d'une impitoyable politique, acharnée contre elle, et plus encore contre son petit roi. Quelles que soient son anxiété et ses craintes, elle espère encore par moments : ne commande-t-elle pas, en sa qualité de régente, aux ministres, aux grands de l'Empire qui, dans le cours de la nuit, fuyant l'invasion ennemie, arrivent de Paris, affolés, ne sachant rien, rôdant quelques instants ou quelques heures dans le tohu-bohu du château regorgeant, — le temps de relayer ou de laisser souffler leurs chevaux, — et s'éloignent dès qu'ils peuvent, y laissant la panique. Jamais peut-être, depuis cinq siècles qu'ils sont debout, les vieux murs de Rambouillet n'ont abrité pareil désarroi et plus tragiques alarmes.

A l'aube, il faut partir. — Pour rejoindre Napoléon? Non; il est en pleine bataille, dans les environs de Troyes ou de Saint-Dizier, dit-on; mais les ennemis tiennent les portes de Paris; ils occuperont la capitale dans la journée; l'Impératrice doit sauver le Roi de Rome : elle ira donc à Blois, attendre les événements. Elle obéit, toute en larmes, et, derrière elle, s'ébranle le long convoi de voitures, de fourgons, de fardiers, de berlines chargées de tout ce qu'il reste de la France impériale, et que suit une cohue de tapissières, de fiacres et de coucous débouchant incessamment de la route de Paris.

Dans la journée demeurent au château deux des frères de Napoléon, le roi Joseph et le roi Jérôme; puis, fort tard, survient la reine Hortense; elle est avec ses deux fils, Napoléon et Louis, qui a six ans. Joseph et Jérôme conseillent à Hortense de quitter Rambouillet au plus vite : les cosaques y seront dans une heure; pourtant, fatiguée, elle reste, décide d'y passer la nuit. Le château, envahi par des gens que la perplexité bouleverse, est une grande auberge encombrée; on y erre, toutes portes ouvertes, sans y séjourner et l'on n'entend que ces mots : « Allons, vite, partons! » Hortense se rappellera cette nuit épique; elle gardera le souvenir « d'une grande chambre, mal éclairée par le jour qui se levait et par des bougies qui s'éteignaient », et d'un pêle-mêle de femmes de chambre éplorées, hâtant les apprêts de la fuite.

Maintenant Rambouillet a le déchirant spectacle des débris de la Grande Armée, refluant par toutes les routes des bois, confusion inextricable de cavaliers, de fantassins, de canons, de chevaux, de bœufs, de charrettes, de véhicules de toute espèce : les routes, les rues, les places, les avenues, les pelouses du parc, tout est couvert de soldats excédés de besoins, tombant de fatigue, étendus sur l'herbe ou sur le pavé : « impossible de faire un pas sans enjamber leurs corps abattus ». Pleurant de faim, d'autres se traînent de porte en porte; toutes les maisons leur sont ouvertes; mais le pain manque et les ennemis talonnent. Durant les premiers jours d'avril, ne cesse, ni jour ni nuit, le désolant défilé de ces braves vaincus qu'on chasse vers Chartres ou Vendôme. Le 7, apparaît un détachement de cosaques, bonnets de fourrure en tête, lance à l'épaule, précédant un régiment de chasseurs de Livonie : la discipline, la bonne tenue de ces chasseurs contraste avec la brutalité et l'ivrognerie des cosaques; c'est aux chasseurs qu'est remise la garde du château et ce sont eux qui font la haie et présentent les armes quand, le 13 avril, Marie-Louise, après avoir erré de Blois à Orléans, avec la mère et les frères de son mari, reparaît à Rambouillet qu'elle a quitté impératrice et reine et où elle revient simple princesse autrichienne.

Ce n'est point par sa faute : elle a tout tenté pour rejoindre Napoléon; elle lui a écrit chaque jour, protestant de sa fidélité, de son désir de partager son sort; sachant qu'il est sans argent, elle lui a fait parvenir deux millions, presque la moitié de tout ce qu'elle possède, et, de Rambouillet où elle rentre avec son petit Roi de Rome, sur l'ordre de son père, l'empereur autrichien, elle enverra encore au proscrit de l'île d'Elbe 900 000 francs.

Depuis quinze jours elle est en larmes; elle a pleuré sur la route en rencontrant les régiments ennemis; elle pleure en franchissant la grille de Rambouillet, lorsqu'elle voit, alignés au pied de la Tour de François Ier, les grenadiers russes lui rendant les honneurs. Ah! son train a bien diminué depuis qu'elle a quitté Blois. Tout ce qui n'était pas obligé de la suivre s'est débandé en chemin : la mère et les frères de Napoléon se sont esquivés, allant vers la Suisse, et sa Cour est des plus réduites : six voitures, pas plus, suffisent à contenir toute sa suite, celle de son fils et tous leurs bagages. Informée de cet abandon, la bonne reine Hortense, réfugiée à Navarre, près d'Évreux, vient à Rambouillet; elle se présente au château, le 15, mais, d'abord, n'est pas reçue; introduite enfin auprès de Marie-Louise, elle la trouve au lit, exténuée, abattue, redoutant la visite de son père qui s'annonce pour le lendemain. « Croyez-vous, dit-elle, qu'on nous forcera d'aller à l'île d'Elbe? » Elle est sans résistance et tremble comme une enfant battue. Le 16, alors qu'Hortense vient de s'éloigner, arrive, en effet, l'empereur d'Autriche, François II, venu de Paris avec Metternich, tous deux seuls dans une petite calèche. L'une des dames de l'ex-impératrice le reçoit sur le perron et lui débite un compliment; mais l'Autrichien est pressé, il n'écoute pas, coupe court et gronde : « Que diable me voulez-vous? Que dites-vous? Laissez-moi voir ma fille... » et, brusquement, il pénètre dans le vestibule : Marie-Louise vient à sa rencontre, portant son fils, son petit roi : « Voilà, dit-elle, le fruit du mariage que vous m'avez fait contracter : vos armes l'ont dépouillé de son héritage... » A ce moment François n'est point empereur, mais grand-père : en voyant, pour la première fois, l'enfant de sa fille, qu'elle lui jette presque dans les bras, il est pris d'émotion, ses larmes coulent ; il couvre de baisers le bambin qui se débat, et, tout aussitôt, les portes se referment sur cette mémorable réunion de famille.

L'entretien dura deux heures ; on n'en sait rien de plus. Il est hors de doute que Marie-Louise demanda pourquoi son père s'était uni aux ennemis de Napoléon, son gendre, et, de concert avec eux, s'acharnait ainsi à ruiner sa fille et son petit-fils. François II, piètre politique, dut piteusement avouer que sa situation était délicate, en effet ; mais il n'était pas le maître ; ses puissants alliés, le czar de Russie et le roi de Prusse, lui avaient forcé la main : plutôt que de se brouiller avec ces deux ogres qui n'eussent fait de l'Autriche qu'une bouchée, il avait cru préférable, malgré son affection paternelle, de combattre Napoléon, déjà fort entamé par le désastre de Moscou. Osa-t-il, comme on l'a dit, conseiller à sa fille d'abandonner ce mari gênant ? Elle n'a pas très bonne posture dans l'Histoire, cette pauvre Marie-Louise ; mais les machiavels de ce temps-là sont peut-être plus responsables qu'elle de sa défection : il est certain qu'elle avait eu l'intention d'associer son sort à l'infortune de Napoléon ; cette résolution ne céda que sur les instances de François II et de Metternich. Au moyen de quels arguments perfides la détournèrent-ils de son devoir ? Les murs de Rambouillet le savent et Rovigo prétendait leur avoir dérobé ce secret : on aurait dit à cette jeune femme, simple et fière, que Napoléon ne l'avait épousée que par politique ; qu'il ne l'avait jamais aimée ; qu'il avait eu dix maîtresses et deux ou trois bâtards depuis son mariage avec elle ; bien plus, pour laver l'archiduchesse de la honte de son union avec le parvenu, on lui aurait donné Neipperg... Afin d'avilir le héros abhorré, on n'hésita point à employer cette politique infâme, et, par un juste retour, c'est la mémoire de l'épouse ainsi abusée qui, seule, restera entachée.

Mais c'est là l'Histoire ténébreuse, hypothétique peut-être. Deux faits sont certains : François II fut ravi de son petit-fils : « Il est bien de mon sang », disait-il avec orgueil. Quant à l'enfant, son impression fut différente et il l'exprima ainsi, avec la franchise de son âge : « C'est ça, bon-papa ? Eh bien, il n'est pas beau ! »

François II d'Autriche soupa avec sa fille et passa la nuit à Rambouillet. Il n'y avait, au premier étage du château, que deux chambres dignes de lui être affectées : l'une était occupée par l'ex-impératrice ; l'autre était celle où avait vécu l'ex-empereur. L'Autrichien osa-t-il se coucher dans le lit du vainqueur d'Austerlitz et de Wagram ? Dans ce cas il dut mal dormir. Il est vrai que Napoléon avait si souvent couché, à Schœnbrunn, dans le lit de François II, que celui-ci pouvait bien s'offrir cette modeste revanche. A l'aube il était éveillé ; il alla entendre la messe à la paroisse ; ensuite il visita les jardins ; puis il eut avec sa fille un nouvel entretien et, en lui apprenant que le czar Alexandre allait venir, il lui recommanda de montrer bon visage à ce puissant allié. Marie-Louise refusa net : sa fierté se révoltait à paraître humblement accueillir en bienfaiteur celui qui la dépouillait de sa couronne. François II implora en vain : le temps pressait ; la visite de l'empereur de Russie était annoncée pour deux heures et Marie-Louise s'obstinait, menaçant de s'enfermer dans sa chambre. Déjà la voiture du czar descendait l'avenue du château et l'empereur d'Autriche ne parvenait point à vaincre la résistance de sa fille. La scène se passait, certainement, dans l'une des pièces de l'appartement d'assemblée, car Alexandre entra par surprise et c'est le maire de Rambouillet qui, se trouvant par hasard au château, introduisit le souverain russe. Or ce magistrat racontait plus tard que, « *en traversant la salle à manger qui touche à la chapelle*, Alexandre s'informa avec curiosité des habitudes de Napoléon »; c'est donc qu'il fut reçu dans l'un des beaux salons du comte de Toulouse; reçu froidement, il faut le dire : la femme de Napoléon, très pâle, très digne, resta presque muette en présence du vainqueur. Le czar n'insista pas; il partit vers cinq heures et François II reprit en sa compagnie la route de Paris.

Le 18 avril, un régiment autrichien relevait la garnison russe et prenait possession de Rambouillet : du moins l'ex-impératrice était-elle ainsi gardée par ses compatriotes. Ce régiment allait lui servir d'escorte d'honneur durant son voyage : car il était décidé qu'elle retournerait à Vienne. Mais elle dut subir encore, la veille de son départ, la visite du roi de Prusse, autre triomphateur, arrogant, celui-ci; il salua l'*archiduchesse*, — c'est le titre que portait maintenant Marie-Louise, — jeta un coup d'œil aux salons et aux parterres, puis remonta dans sa voiture. Son séjour à Rambouillet ne dura pas deux heures. Le lendemain, 23 avril, l'ex-impératrice prenait le chemin de l'exil : l'enfant auquel avait été promise la couronne de Rome, en attendant celle de l'empire, allait, avec sa mère, quitter la France pour toujours. « Je vois bien que je ne suis plus roi, disait-il, je n'ai plus de pages », et il en voulait à un certain

Louis XVIII, dont on parlait beaucoup et qu'il accusait de lui avoir pris ses jouets. Sur les froides façades de la cour du château, sur son haut perron, sur sa vieille tour crénelée, sur la longue avenue qui monte vers les grands bois, se sont fixés les regards, gros de larmes, de l'archiduchesse et de son aiglon, avides de garder, dans le reliquaire de leur mémoire, ce décor de leur agonie. Tandis qu'on empilait les bagages, le maire de la ville, quelques fonctionnaires, les serviteurs, assistaient, consternés, à cet effondrement.

Les postillons montèrent en selle, la garde autrichienne présenta les armes, les berlines passèrent la grille et le palais fut fermé, attendant ses nouveaux maîtres.

X

NETTOYAGE

La chasse aux aigles et aux abeilles. — Les ducs d'Angoulême et de Berri.
Le comte d'Artois.

Le 31 juillet 1814, le comte de Nugent était nommé
sous-préfet à Rambouillet : c'était, comme bien on pense,
un fanatique royaliste et il tenait à fournir au plus tôt les
preuves de son dévouement à l'auguste famille des Bourbons, restaurée après vingt-trois ans d'exil. A peine
installé, il s'avisa, en faisant sa tournée de début, que la
grille du palais ci-devant impérial portait, sur des écussons de bois, l'initiale du nom honni de l'usurpateur.
M. le comte de Nugent, rentré à sa sous-préfecture,
manda aussitôt l'architecte et lui ordonna de faire
disparaître cette m ajuscule subversive. L'architecte
allégua « qu'il ne disposait pas de fonds pour cet
objet », et, le jour même, le sous-préfet signalait cette
mauvaise volonté à monseigneur le comte de Blacas,
ministre de la maison du Roi, auquel il ne dissimulait

pas la gravité de la situation : « En un quart d'heure, on enlèverait ces écussons sans dégâts, écrivait-il; les yeux des voyageurs ne seraient plus choqués d'une telle inconvenance, les vagabonds n'en tireraient plus d'absurdes espérances. L'extrême évidence de ces chiffres, qui salissent l'entrée principale du château, choque les honnêtes gens et, qui plus est, autorise la fermentation. »

L'architecte, — c'était, depuis 1806, Famin, ancien pensionnaire de l'École de Rome, médaillé en 1801, — n'osait rien entreprendre sans l'ordre de M. le baron Mounier, intendant des bâtiments de la couronne; pourtant, sur les instantes sommations du sous-préfet qui pensait en perdre la tête, il fit dévisser et déposer au magasin, huit N en fonte dont s'ornait la grille du ci-devant palais dit du Roi de Rome. La chose était d'autant plus urgente que Rambouillet attendait la visite de S. A. R. monseigneur le duc d'Angoulême. Ce prince vint, en effet, le 12 août; mais il ne s'arrêta qu'un quart d'heure, qu'il employa à visiter rapidement le château. N'importe, l'affaire des initiales poursuivait son chemin, et Famin reçut l'ordre de dresser la liste des emblèmes impériaux dont le maintien, tant sur les façades extérieures qu'à l'intérieur des appartements, était de nature à scandaliser les bons Français.

Ces emblèmes étaient extrêmement nombreux; on sait que, en rentrant aux Tuileries, après sa longue proscription, Louis XVIII avait été surpris de l'abondance des N, des abeilles, des couronnes impériales, semées sur tous les murs du palais. Le Roi, qui avait de l'esprit et possédait ses classiques, se contenta de sourire et dit, d'un ton narquois :

Il aurait volontiers écrit sur son chapeau :
C'est moi qui suis Guillot, berger de ce troupeau.

Il en était de même à Rambouillet. L'architecte Famin, après avoir furcté partout, dressa la liste qui lui était réclamée : elle fut longue, et, tout de suite, on se mit au « nettoyage ». A la grille de la cour d'honneur, deux aigles en plomb soutenaient des lanternes ; au fronton du château était un trophée d'armes, encadrant naguère l'écusson des Penthièvre, remplacé, sous l'empire, par une aigle. Toutes les serrures et espagnolettes des appartements portaient en relief l'initiale maudite ; sur les boiseries de la chapelle, sur celles de la chambre de bains de Bonaparte, sur les tentures, les meubles, les marbres, les bronzes, les bateaux du canal, les tapis, les quinquets, elle se répétait à l'infini ; on la retrouvait à la Laiterie, à l'ermitage, au sommet de la grande grille de la route de Paris ; on la découvrait même dans les ferrures de la modeste grille aux lapins qui sépare le grand parc du parc aux daims. C'est pitié de feuilleter les mémoires des marbriers, peintres, serruriers, décorateurs, menuisiers, sculpteurs et autres qui, dans les six derniers mois de 1814, furent employés à faire la chasse aux abeilles impériales et aux N offensantes. On cloua des fleurs de lis et des rosettes en stuc ou en gros-blanc pour dissimuler ces « inconvenances » ; on transforma des aigles en cygnes, des N en deux L adossées ; on passa une couche de céruse sur des noms qu'il fallait oublier, tels que

Marengo, Austerlitz, Iéna... et, à mesure qu'on effaçait ces pénibles attributs, on en retrouvait toujours d'autres, aussi choquants. Bernard, le nouveau concierge du château, s'inquiète d'un tapis qui se trouve dans la salle dite des grands officiers : au milieu de ce tapis est un grand aigle; mais cet aigle n'a « que le cou d'apparent et l'enverture (*sic*); il est évident que ce cou a été rapporté sur le corps d'un autre oiseau qui y était précédemment car ce tapis est ancien ». Que faire? — Et faut-il « opérer le dessous des vases en porcelaine marqués *Manufacture impériale de Sèvres*; cette inscription doit-elle être considérée comme séditieuse? »

Tandis que se poursuivaient activement ces mesquines représailles, le duc de Berri visita le château : c'était le 3 septembre; il y revint chasser, avec son frère, le duc d'Angoulême, le 13 octobre; le rendez-vous était à l'étang de la Tour. Le 16 novembre ces deux princes repassèrent au château avec leur père, Monsieur, comte d'Artois. La fréquence de ces visites princières déterminait l'administration des domaines de la couronne « à rendre à cette résidence royale tous les agréments dont l'avait avantagée S. M. Louis XVI ». M. le duc de Sérent fut nommé gouverneur de Rambouillet et les vieux habitants du pays pouvaient se croire revenus à leur printemps, quand, en mars 1815, un coup de tonnerre ébranla le monde : Bonaparte, sorti de son île, avait, en dix-huit jours, reconquis la France; le Roi et tous les princes étaient en fuite sur les routes du Nord, vers la Belgique.

Quelle époque! Quelles transes pour les fonctionnaires qui, depuis un an, s'étaient évertués à donner les preuves du plus ardent royalisme et qui se trouvaient obligés d'adorer ce qu'ils avaient brûlé la veille! Depuis le temps du « fier Sicambre » à qui, le premier, fut imposée cette contrainte, le peuple de France est fait à ces sautes de vent politique et il s'en émeut modérément. A Rambouillet, la secousse fut peu sensible : la ville perdit son sous-préfet, M. de Nugent, qui crut prudent de passer en Belgique à la suite du Roi; au château, Bernard, le concierge « royaliste », dut céder sa place au concierge « impérial », Hébert qui, destitué depuis « le retour des lis », n'avait cependant pas quitté la ville. Charles-François Hébert, âgé de trente-six ans en 1815, avait eu l'honneur de servir le général Bonaparte en qualité de valet de chambre; il le suivit en Égypte, en Italie, et reçut, en 1806, pour récompense de son dévouement, la conciergerie de Rambouillet; marié, depuis 1797, avec Marie-Louise Larchevêque, il ne comptait dans la ville que des amis. Le 29 mars 1815, huit jours après la rentrée de Napoléon aux Tuileries, Hébert reprenait donc son logement au château, redevenu palais impérial, où il se réjouissait de revoir bientôt son maître.

XI

L'AIGLE ABATTU

Le concierge Hébert. — La nuit du 29 juin 1815. — La grille de Guéville.

Cela ne tarda pas; trois mois après, sans plus, — c'est le 29 juin, vers dix heures du soir, — une calèche jaune, sans armoiries, attelée de quatre chevaux de poste, descend, à fond de train, l'avenue du château, traverse l'avant-cour et s'arrête devant la grille. Un domestique saute du siège : c'est Ali, le mameluk de Seine-et-Oise. Aux Hébert ébahis, il annonce l'Empereur. — L'Empereur! — Oui, l'Empereur vaincu, renié, déchu, en fuite; il vient de la Malmaison et se dirige vers la côte de l'ouest afin de s'embarquer pour l'Amérique. La grille s'est ouverte; la calèche tourne dans la cour, s'arrête au bas du perron et madame Hébert, qui est accourue, portant un falot, sanglote en voyant sortir de la voiture un homme en habit bourgeois, coiffé d'un chapeau rond... C'est LUI! Il reconnaît madame Hébert; touché de la voir pleurer, il l'embrasse et monte les marches; ses trois compagnons, — Rovigo, Bertrand et Beker, — sont également vêtus comme des particuliers en voyage.

Ah! cette entrée dans le palais où tout est fermé, silencieux, les housses mises, les volets clos! Car le courrier Amandru, qui, depuis la Malmaison, précédait la calèche, a disparu au relais de Coignères; d'ailleurs, on projetait de rouler toute la nuit, sans arrêt, et cette halte à Rambouillet n'était pas prévue. L'Empereur s'y est décidé subitement, — pour prendre du repos? — pour être une dernière fois chez lui? — pour retarder de quelque répit l'effroyable chute? — Qui le dirait?

Pourquoi les six personnes qui furent les témoins de cette première station du calvaire ne l'ont-elles point racontée avec plus de détails? « On soupe », écrit Beker. Mais où? Dans l'ancienne salle à manger de Louis XV, probablement, qui fut aussi la salle à manger impériale. Comment? Madame Hébert dut s'ingénier à improviser un repas. Peut-être fut-il suffisant; il fut morne, à coup sûr, car le grand maréchal Bertrand avait recommandé à ses compagnons « de n'adresser aucune question, de se tenir dans une grande réserve », de sorte que personne ne dit mot. Déjà, de la Malmaison à Rambouillet, — trois heures de route, — les occupants de la voiture, respectant le sombre silence de l'Empereur, n'avaient pas prononcé une parole.

Après le souper, Napoléon se retira dans sa chambre, emmenant Bertrand. Rovigo et Beker restèrent dans « le salon », — probablement le salon de la Carte, le premier de l'appartement d'assemblée. Ils croyaient d'abord que l'on allait, sans tarder, repartir et continuer de nuit le voyage; eux-mêmes, incrédules aux heures qu'ils vivaient, espéraient encore un revirement miraculeux. Après une heure d'attente, ils apprirent de Bertrand qu'on restait : l'Empereur, fatigué, ne quitterait Rambouillet que le lendemain matin.

En entrant dans sa chambre, Napoléon avait demandé que l'on préparât son lit : le mameluk Ali, peu coutumier de ce service, ne connaissant ni le château, ni ses ressources, ne savait où tourner. Hébert vint à son aide et lui fournit tout ce qui était nécessaire : ensemble ils disposèrent les couchages, les garnirent de draps. Le destin voulait que, pour cette dernière nuit de Napoléon dans une résidence impériale, il fût assisté par l'homme qui avait été, à l'aurore de son apogée, son premier et son seul domestique. Madame Hébert apporta du thé. Ali déshabilla l'Empereur qui, sous sa chemise, portait autour des reins une ceinture de soie contenant « bon nombre de corps durs ayant, au toucher, la forme et la grosseur de noyaux d'abricots un peu allongés » : — des diamants probablement. La veille, déjà, il avait recommandé « qu'on plaçât ses bretelles à portée de sa main, afin de ne pas être obligé de les chercher » s'il en avait besoin pendant la nuit; or Ali remarqua qu' « un petit sachet, soigneusement arrangé, était attaché à une boucle de ces bretelles... » Du poison, bien certainement. L'Empereur déchu avait-il, pour la seconde fois, résolu de mettre un terme à sa déchéance, et ne s'était-il arrêté à Rambouillet que pour exécuter ce sinistre projet?

Il paraissait « profondément accablé » et sa nuit fut terriblement agitée : au petit jour il se calma, se trouva mieux, se fit habiller et prit un potage que madame

Hébert avait préparé; puis il parcourut quelques pièces du château, — les chambres de l'Impératrice peut-être, — et y choisit plusieurs livres et autres objets qu'il désirait emporter. A six heures du matin, la calèche était attelée, dans la cour. Tenus à distance par les grilles fermées, beaucoup d'habitants de Rambouillet, informés du passage du souverain déchu, s'étaient massés devant l'église, pour l'apercevoir encore une fois. L'Empereur recommanda à Bertrand de remercier et de congédier « les malheureux débris de la Maison impériale »; il reprit sa place dans la voiture. Quand elle sortit de la cour s'élevèrent, des rues voisines, le dernier cri de *Vive l'Empereur!* Mais ce fut bref; les postillons, pour éviter la traversée de la ville, suivirent l'allée de la Laiterie, afin de gagner, sans sortir du parc, la porte de Guéville.

Ainsi désigne-t-on, du nom de la rivière qui arrose le jardin anglais, la grille ouvrant sur la grande route de Chartres : elle est accotée de deux pavillons datant du XVIIIe siècle et dont l'un est l'habitation du garde. Ce surveillant était, en 1815, un grenadier de la garde impériale qui, amputé d'une jambe, avait été décoré de la main de l'Empereur à l'hôpital du Gros Caillou. C'est sa petite maison qu'on voit là contre les lourds piliers de pierre grise qui forment les montants de la grille; rien de ce sylvestre décor n'a changé depuis bien longtemps; voilà les gros pavés sur lesquels béquillait ce grenadier mutilé; ce coin de potager fut son jardin, et sous les grands arbres est encore son vieux puits avec sa margelle usée et sa poulie grinçante. Quel était le nom de ce brave? La chronique ne le dit pas; mais certain document d'archives nous le révèle peut-être : c'est une lettre de l'architecte du château, datée de 1813 et proposant la création d'un emploi de garde-bosquet « en faveur d'un ancien militaire réformé, le sieur Traînard, décoré de la Légion d'honneur ». Traînard, — serait-ce là un sobriquet ? — avait suivi Napoléon en Afrique et en Europe et servi dans la Garde impériale.

Le garde de la porte de Guéville, avisé, comme tant d'autres, que l'Empereur était au château, ne bougea pas de son poste. Dès le soleil levé, il était debout, et, quand la calèche impériale approcha de la sortie du parc, il se mit devant sa porte, la main gauche à la couture de la culotte, l'autre à la tempe droite, dans une impeccable attitude militaire. La voiture passa. L'Empereur vit le vieux soldat. Sortant de sa prostration, il porta la main à son feutre et se renfonça sur les coussins. Ses compagnons, comme lui, se taisaient, émus de le voir, de temps à autre, essuyer furtivement les larmes qui coulaient sur ses joues. Sans doute, à l'aspect du grognard, sa pensée s'était reportée sur tant de milliers et de milliers de braves, tout prêts, comme celui-là, à donner, avec bonheur, leur vie pour sa cause perdue ; foule anonyme d'humbles pioupious qui, sans espoir de grades ni d'argent, l'avaient acclamé sur tous les champs de bataille et qui, désespérés, allaient désormais, jusqu'à la mort, lui conserver fidélité et dévouement, tandis que la plupart de ceux qu'il avait gorgés le reniaient maintenant, dans la crainte de compromettre l'opulence et les titres qu'ils tenaient de lui. Jusqu'au hameau du Buissonnet, l'Empereur, torturé par ces réflexions, pleura. La voiture suivait cet interminable mur du parc impérial qui, sur une longueur de plus d'une lieue, borde, à droite, la grande route, — la route de Sainte-Hélène. Même dans l'île maudite, l'Empereur ne devait pas oublier ces heures suprêmes de Rambouillet; six ans plus tard il y pensait encore : dans un codicille tracé de sa main mourante, on lit ces mots : « Je lègue 20 000 francs à Hébert, dernièrement concierge à Rambouillet. »

XII

LES · PRUSSIENS

Le prince Blücher. — Exactions. — Goinfrerie. — Les glacières.
La carte du domaine. — Blücher a peur de la peste.

L'Empereur tombé, l'ex-concierge Bernard réclama sa loge et Hébert dut la lui céder. On était au début de juillet. Le 8, vers trois heures de l'après-midi, un détachement de hussards prussiens, commandé par un cadet de seize à dix-sept ans, traverse la ville et se rend à la mairie. Il exige pour le lendemain le paiement d'une contribution de guerre, puis se dirige vers le château, y pénètre, brise les réverbères, vole les fers des potences, dépend les rideaux, dérobe les couvertures, dévaste l'appartement de l'architecte Famin et emmène son cheval et sa voiture. Cet exploit accompli, les Prussiens se retirent dans la forêt verte, afin d'y bivouaquer pour la nuit. Mais dans ce canton rôdent et se cachent de nombreux déserteurs français. Coups de fusil; un Allemand est « légèrement blessé ». Cet attentat sera châtié :

le maire de Rambouillet, Delorme, court à Versailles pour plaider auprès de l'État-major prussien la cause de ses concitoyens. Il est reçu par un furieux, traité d'assassin. « Point de grâce ! Il faut un exemple terrible ; Rambouillet sera détruit de fond en comble ! » Le lendemain la ville est occupée militairement ; sept mille hommes en prennent possession ; ils envahissent toutes les maisons, en chassent les habitants : des malades, des femmes en couches sont jetés hors de leur lit. Si le maire intercède auprès de quelque chef, il est menacé d'être brûlé ou pendu et ne reçoit que cette réponse : « Votre ville ne mérite aucune bienveillance. »

Durant trois mois les Prussiens vont terroriser les Rambolitains par leur brutalité, leur goinfrerie et leur rapacité. Blücher et sa bande sont installés au château : cent cinquante officiers et trois cents domestiques à nourrir ; quatre repas chaque jour ; il leur faut à discrétion du vieux vin de Bourgogne et des plats fins. Ils font traîner le filet dans l'étang de la Ferme et en raflent pour leur table toutes les carpes. Quatre cuisiniers volontaires sont occupés jour et nuit à satisfaire ces ogres. Dans la ville c'est pis encore : chaque soldat, nourri et logé chez l'habitant, en exige, par surplus, cinq francs par jour comme argent de poche. La municipalité doit fournir 231 531 rations de pain, 286 592 rations de vin, 290 055 rations d'eau-de-vie, 346 697 rations de tabac, de la viande, du lard, du sel, des légumes en proportion. Ces soudards se gorgent de vin ; beaucoup en réclament six rations par jour ; d'autres en boivent douze et protestent « qu'il est mauvais, qu'il les rend malades ». Le moindre sous-officier adresse au maire des réquisitions comminatoires : *J'ordonne au maire, à peine d'exécution militaire...* Famin écrit : « Nous avons affaire à des maîtres impitoyables qui croient ne nous faire jamais assez de mal. » Et ces farouches vainqueurs sont poltrons : cinquante habitants de la ville doivent, par ordre, se tenir en permanence à la mairie, « pour guider à pied et protéger les détachements de hulans qui patrouillent dans la Forêt et les villages circonvoisins ».

Un jour, ces brutes découvrent le pavillon des coquillages, élevé par le duc de Penthièvre dans le parc anglais. Cette chose charmante les offusque : ils brisent les glaces et pilent à coups de crosse la délicate décoration du salon de la princesse de Lamballe. D'autres ont avisé, sous les futaies du parc, de gros tumulus fermés d'une petite porte et s'imaginent que ce sont là des cachettes où sont déposés tous les trésors du château. Riche butin ; vite des pioches, et à l'ouvrage... Ainsi furent éventrées les glacières et la stupéfaction des déprédateurs fut grande en trouvant des blocs d'eau congelée là où ils espéraient brigander de l'or et des bijoux précieux.

Le prince Blücher a la main plus heureuse : il n'occupe pas le château depuis quatre jours que, déjà, il fait déclouer la grande carte du domaine tapissant le fond d'un des salons du comte de Toulouse. Le maire, averti, se rend au château, expose au général Grolman, chef d'état-major, que cette carte appartient à la Couronne, qu'elle est un chef-d'œuvre, a reçu des perfectionnements de la main de Louis XVI et que, d'ailleurs, elle n'a d'intérêt que pour les possesseurs de Rambouillet. L'autre riposte d'un ton arrogant « qu'il est parfaitement inutile d'insister ; la carte partira pour la Prusse et il ne sera tenu aucun compte des démarches faites par la duchesse d'Angoulême pour sauver cet ouvrage auquel a travaillé son père ». La carte fut roulée et envoyée outre-Rhin où elle alla décorer l'un des châteaux particuliers de Blücher. Par bonheur le troupeau des mérinos avait été évacué, car il n'est pas douteux qu'il eût été transformé, par les gentilshommes de Sa Majesté prussienne, en gigots et en côtelettes.

Le 9 août, le premier maître d'hôtel du prince Blücher vint, comme chaque jour, discuter avec le maire de la ville les menus qu'il devait servir à son maître. Il se plaignit que le poisson manquait : l'étang de la Ferme était épuisé et il commandait qu'on levât les vannes des canaux du parc pour en prendre facilement les plus belles carpes. Le maire eut une inspiration : « Comment ! fit-il ; pêcher dans les canaux pendant la canicule et sous les fenêtres de Son Excellence ! je m'en garderais bien. Une telle imprudence corromprait l'air, et le prince pourrait en être incommodé. » Le maître d'hôtel se replia, un peu déconfit, et Delorme courut chez l'inspecteur des Forêts, M. de Larminat, le mit au courant de l'incident et lui recommanda de ne point le démentir. Les Prussiens consultèrent Larminat qui feignit de prendre la chose au tragique : « Jamais il n'assumerait une si grave responsabilité ; il parla d'infection, de fièvres putrides, d'émanations pestilentielles... » Dans l'après-midi, on vit les médecins de la suite de Blücher, armés de longues gaules, opérer des sondages au bas de l'embarcadère du grand canal, et, le lendemain, au matin, Son Excellence déguerpissait avec ses cent cinquante officiers et ses trois cents domestiques. Peut-être est-ce de là que date la mauvaise réputation des pièces d'eau de Rambouillet; c'est assurément la première mention qu'on en relève dans les documents d'archives; jusqu'alors, quoique plusieurs de ces canaux eussent plus d'un siècle d'existence et qu'on les eût curés en 1807, personne n'avait songé à se plaindre de leur méphitisme [1].

A peine le château évacué, l'architecte Famin s'y rendit et constata de nombreux dégâts : les rideaux du lit qu'avait occupé Napoléon étaient souillés de crachats, — brillante revanche d'Iéna! — Au reste, le départ des Prussiens avait été si rapide qu'ils n'avaient pris le temps de rien emporter. Un seul objet manquait : une pendule.

1. Après le vidage et le nettoyage des canaux, en 1807, Famin écrivait : « Les sources abondantes qui sont au fond de ces canaux ont suffi à les remplir en vingt et un jours. » (*Archives nationales* O^2 320.)

XIII

LE PASSÉ RENAIT

Suite de la chasse aux abeilles. — Louis XVIII à la chasse. — Le duc de Bordeaux. — L'architecte Famin.

Dès le départ de Blücher, avant même qu'on eût dressé l'état des dégradations causées par le séjour des officiers prussiens, — dégradations qui, pour les appartements seulement, se chiffrèrent par un total de 40 584 francs, — l'ordre parvenait à l'architecte de poursuivre le « nettoyage » interrompu par l'escapade de l'usurpateur, et de « vérifier si les bâtiments de Rambouillet ne contenaient plus aucun vestige de la décoration impériale ». Famin fit sa tournée et déclara, un peu inconsidérément, que « tout emblème choquant avait disparu ». Le 16 août, le duc et la duchesse d'Angoulême traversaient la ville; ils donnèrent un regard au château mais n'y entrèrent pas. Les troupes prussiennes occupaient encore les Communs et la Vénerie de Louis XVI; leurs derniers détachements ne disparurent définitivement que le

25 octobre. Le séjour de ces hôtes déplaisants n'empêcha point la duchesse d'Angoulême de venir, en septembre, passer deux jours au château : elle arriva le 18, vers cinq heures de l'après-midi, fit appeler l'architecte, se promena en sa compagnie dans les jardins « partie à pied, partie par eau » et lui recommanda de se trouver le lendemain, à midi, devant la Laiterie, pour la guider dans la visite de ce pavillon. A l'heure dite, elle s'y rendit en bateau : au fronton du petit temple on avait, dès l'année précédente, supprimé l'inscription *Laiterie de l'Impératrice*, et on l'avait remplacée par celle qui s'y voit encore *Laiterie de la Reine*. Malgré ces modifications, l'ensemble était en triste état : le rocher, veuf de sa chevrière, n'avait plus de raison d'être; Famin en fit jouer les eaux; la princesse voulait tout voir. Elle parcourut le jardin anglais, entra dans la chaumière des coquillages, revint par l'île des roches, visita le grand Commun, puis le château dans toutes ses parties. Sans doute s'étonna-t-elle de la bizarre complexité de ses dispositions, car elle en réclama un plan.

Les visites des princes vont se renouveler maintenant assez fréquemment : le deuxième régiment des cuirassiers de la garde royale occupe les bâtiments de la Vénerie et fournit les escortes d'honneur. On convoque aux Tuileries les deux gondoliers des canaux, Godet et Gouju, afin qu'ils prennent mesure de vêtements à la livrée du Roi : — habit de drap bleu à boutons blancs, culotte de même couleur, veste écarlate, chapeau à ganse d'argent. On complète le personnel du château qui comprendra à poste fixe un gouverneur, le duc de Sérent; un adjudant, Lemasson; Bernard, le concierge;

le médecin Potard, une lingère, un suisse d'appartement, quatre portiers, trois frotteurs et trois balayeurs. Tous poursuivront la chasse aux N, aux aigles et autres attributs condamnés, de nature à « éveiller des souvenirs qu'il est dans l'intérêt du gouvernement de faire disparaître », car, malgré les rassurantes assertions de l'architecte, on en découvre toujours.

On gratte donc les murs, on lime les boutons de porte, les poignées des fenêtres, les appliques, les quinquets; on scrute les dessins des tapis, on retourne les pendules, on badigeonne, on replâtre, on ciselle, on marquette... Et on en oublie! De nos jours encore, on peut constater, sur certaines espagnolettes du dernier salon de l'appartement d'assemblée, la présence de belles N qui ont échappé à ces investigations prolongées durant près de trois ans. Pourtant on y mettait du zèle : ne venait-on pas de découvrir, en août 1815, dans le château même, « un buste qui pouvait bien être celui de *Bonaparte* », — ou peut-être de quelqu'un de sa famille; à moins que ce fût un antique — on n'était pas fixé. Pour plus de sûreté, le buste disparut. Il ne fallait pas offusquer les regards des Princes. Eux-mêmes sont aux aguets et se formalisent facilement : en juillet 1816, S. A. R. le duc d'Angoulême entre à la Laiterie : il « tique » sur la table de marbre et manifeste sa surprise et son mécontentement de voir, sous l'emblème de S. M. Louis XVIII, les traces apparentes de celui de l'usurpateur. Là, comme ailleurs, on s'est contenté, en effet, de transformer les lettres N L (chiffres de l'Empereur et de l'impératrice Marie-Louise) en deux L contrariées (chiffre du roi régnant) et on utilisa, par économie, pour ces L, les deux jambages verticaux de l'N proscrite. Ce sont ces jambages subsistants qui impressionnent défavorablement le prince. On fait une enquête; l'architecte fournit des explications et un croquis, et l'incident n'a pas de suite.

Vous avez peur d'un nom, vous avez peur d'une ombre...

disait le poète.

Famin déplorait ces ridicules mutilations, mais il ne voulait pas perdre sa place. Le sous-préfet, — c'était, en 1815, Perrin du Lac, — tenait tout autant à la sienne et témoignait d'un zèle bruyant à effacer tout ce qui rappelait le régime déchu; il semble qu'une guerre sourde divisait ces deux fonctionnaires. Le sous-préfet critiquait tout ce qu'entreprenait l'architecte, lequel, de son côté désapprouvait, — oh! bien timidement, — les transformations que lui imposaient ses supérieurs. Ainsi quand, à la suite des visites du duc d'Angoulême, arriva de Paris une statue de marbre destinée à prendre, sous le rocher de la Laiterie, la place de la *Chevrière* exilée à la Cour des Pairs, Famin osa proclamer que l'on commettait un sacrilège. « La *Chevrière*, écrivait-il, restera dans les galeries du Luxembourg, et l'on offre, pour la remplacer, une *Baigneuse* de Beauvallet. Or les rochers et les effets d'eau de la Laiterie ont été disposés pour la figure de Julien, de manière que la nymphe avait l'air de sortir de la grotte pour faire boire sa chèvre. Je ne puis croire que la *Baigneuse* de M. Beauvallet puisse produire le même effet, car rien ne ressemble moins à un lieu disposé pour le bain qu'un espace entouré de rochers... » Famin avait cent fois raison; mais on ne tint compte de ses observations et le marbre intrus fut installé à la Laiterie. Peu après, en juillet 1816, l'architecte décide de mettre à sec les canaux, afin de réparer leurs contre-murs de bordure. Le sous-préfet interdit cette opération : il craint que l'air en soit empesté. Famin avise le ministre de la maison du Roi et passe outre. Scène violente; Perrin du Lac s'emporte : « C'est une odeur infecte; j'y ai peut-être puisé la mort!... » Il n'en trépassa point cependant et la réparation des pièces d'eau s'effectua sans peste ni dommage.

L'annonce d'un événement bien autrement important occupa les esprits dès l'année suivante. Louis XVIII témoignait le désir de chasser à Rambouillet. Or, depuis les Cent-Jours, les chasses à courre n'étaient pas rétablies; les cuirassiers étaient casernés à la Vénerie; ils quittèrent Rambouillet au début de 1817 et on s'évertua aussitôt à reconstituer l'équipage. Pourtant le Roi ne vint pas cette année-là. Comme il ne renonçait pas à son projet, on entreprit la révision du mobilier qui garnissait le château. Il n'était pas possible de coucher Sa Majesté dans le lit de Bonaparte, et on décida de renouveler toute la décoration de la chambre : elle était bleue, du temps de l'usurpateur, on adopta le rouge cramoisi. Pour que madame la duchesse d'Angoulême ne fût point choquée par les tentures qu'avait choisies la ci-devant impératrice, on transforma de même son salon, qui, de bleu, devint jaune citron à liséré violet. Chose surprenante, cet appartement de Marie-Louise est, sous Louis XVIII, couramment qualifié d'*appartement de la Reine.* Or il n'y avait pas de reine en 1818. Est-ce pour flatter madame la

Dauphine qu'on la gratifiait prématurément de ce titre auguste, ou l'usage des Cours exigeait-il qu'il y eût, en tout lieu qu'habitât le Roi, un local pour une reine éventuelle ou imaginaire? Les fonctionnaires du garde-meuble ignoraient-ils que Louis XVIII était veuf depuis son exil, ou, plus probablement, pour mieux effacer le souvenir des séjours impériaux, affectait-on d'imposer ainsi celui de Marie-Antoinette? On ne sait [1]. Évidemment en adoptant cette désignation, on savait qu'elle plaisait au Roi, très sévère sur la question d'étiquette et se préoccupant des plus petits détails. Ainsi, on rencontre dans les dossiers des mentions telles que celle-ci : « Sa Majesté permet que le salon de Rambouillet soit meublé de canapés, fauteuils, et beaucoup de chaises, de bonnes chaises; il n'y a d'exclu que les pliants. Quant au salon bleu, il n'y a rien de changé : il doit être disposé tel qu'il est aux Tuileries. » Et le branle-bas recommence, comme en 1804 quand Rambouillet attendait la première visite de Napoléon. Comme alors, on emprunte des meubles à Trianon et à Compiègne; on dresse des tentes pour la garde du Roi, on réclame des chaises à porteurs, dans le cas où les princesses désireraient en faire usage pour leurs promenades; on reçoit de Paris des lampes Carcel, des bougeoirs, des bains de pied, des vases de nuit par centaines, des rôtissoires, des casseroles, des moules à gâteaux. Ministres, intendants du garde-meuble, architectes, veneurs, tapissiers, s'ingénient à deviner les

1. A rapprocher de ce fait singulier : Le 29 juillet 1830, la duchesse d'Angoulême passant à Dijon, et ignorant encore les événements de Paris, voulut aller au théâtre. Elle y fut accueillie par le cri : *A bas la Reine!* M. L. Bozet, *Chronique de 1830,* II, 18.

habitudes des hôtes illustres qu'il s'agit de recevoir et à prévenir leurs moindres désirs.

Enfin, le dimanche 27 juillet de cette année 1818, le Roi quitta les Tuileries à midi, s'arrêta à Saint-Cyr et, après un détour aux Étangs de Saint-Hubert où les ducs d'Angoulême et de Berri avaient chassé dans la matinée, il entra dans le parc de Rambouillet par la grille royale et fut conduit directement aux Bergeries qu'il visita. Là une calèche à deux chevaux l'attendait; — on sait que Louis XVIII, très goutteux, ne marchait pas; — il y prit place, se fit promener dans le petit jardin anglais nouvellement planté sur le terrain vague, voisin du château, où, naguère, les paysans remisaient leurs charrettes aux jours de marché. Le Roi entrait à cinq heures dans la cour d'honneur. Tambours, acclamations frénétiques, discours des autorités, souhaits de bienvenue, joies officielles, protestations d'amour et d'allégresse. Tandis que se déroulaient ces réjouissances obligées, Monsieur, comte d'Artois, passait la revue des gardes nationales de Montfort-l'Amaury, de Dourdan, de Chevreuse, de Saint-Arnoult et de Rambouillet au drapeau de laquelle madame la duchesse d'Angoulême daigna attacher, de ses mains, une cravate blanche. Vers sept heures fut servi le dîner : à la table royale étaient conviés toute la Cour et les hauts fonctionnaires du département et de la ville. Après le repas, le Roi, très gai, s'entretint avec ses deux neveux, les ducs d'Angoulême et de Berri et, à neuf heures, il « donna l'ordre ». C'était l'autorisation de se retirer : la journée du lendemain devait être consacrée à une chasse à courre; Sa Majesté, bien que podagre, avait décidé de la suivre et le duc de

Berri allait passer la nuit à reconnaître le terrain où le cerf devait être attaqué.

Mais, au matin du 28, le temps avait changé; il pleuvait à verse. N'importe : au déjeuner le Roi parut en habit de chasse, incompatible avec son énorme corpulence; on jugea néanmoins que ce costume lui seyait très bien : c'était un habit bleu, à parements et collet de velours cramoisi, brodé aux poches, au col et aux manches de cinq galons d'or et d'argent. Sauf les gentilshommes de service, toute la Cour avait revêtu cet uniforme; mais la pluie persistant, les princes entamèrent sous les yeux du Roi une partie de billard, les princesses prirent leur ouvrage et la réunion fut tout aussi gaie et « enjouée » que l'avait été la soirée de la veille. Enfin, à deux heures, le temps se leva et on vit défiler l'équipage sous les fenêtres du château : deux calèches du Roi, quarante ou cinquante chevaux, bien équipés, menés par autant de piqueurs, puis la meute des vieux chiens encadrée de valets en grande tenue, la trompe en sautoir; venait ensuite la troupe des veneurs à cheval suivie d'un fort détachement de soldats. Les « relais », composés de même, passèrent à leur tour et cet imposant cortège promettait une chasse heureuse.

A trois heures Louis XVIII monta dans son carrosse avec le duc de Grammont, son capitaine des gardes, le duc de la Châtre, premier gentilhomme de la Chambre et le duc d'Avaray. La rue Royale (rue Nationale actuelle), était encombrée d'une affluence considérable qui se pressait contre la voiture du Roi, en poussant des *Vivat!* et des cris de joie; à toutes les fenêtres flottaient des drapeaux blancs fleurdelisés. Le rendez-vous était à l'étang de la Tour, où s'élevaient alors deux pavillons bâtis en 1809 et dont l'un comportait un grand salon de forme ovale. A trois heures et demie le Roi arrivait, salué par les princes qui l'avaient devancé, acclamé par les curieux qu'attirait en foule ce pittoresque spectacle. Il descendit de son carrosse pour monter aussitôt dans une légère calèche et, à ce moment, le duc de Berri lui présenta deux déserteurs arrêtés, le matin, dans la Forêt. Ils se jetèrent à genoux devant le monarque qui, suivant l'antique privilège, leur accorda grâce, disant : « Relevez-vous et servez désormais avec fidélité. » Le peintre Carle Vernet devait fixer sur la toile ce trait mémorable de la magnanimité des Bourbons.

Le départ fut magnifique : le Roi, dans sa calèche, madame la Dauphine dans une autre, répondaient par des sourires et des saluts aux cris de la foule; les princes à cheval, accompagnés de leurs aides de camp et des officiers de leur Maison, portaient l'habit de chasse et le grand chapeau en bataille. L'attaque eut lieu dans les fonds de Bullion; on découpla les chiens sur un dix-cors; mais le vent était fort et contraire, et, tout de suite, ils furent en défaut. Durant quatre heures on ne parvint pas à les remettre sur la voie et quand, sans qu'on ait rien fait, le soir approcha, le Roi appela son écuyer : « Les folies les plus courtes sont les meilleures, dit-il. Monsieur le duc de Berri peut poursuivre; moi je vais rentrer et faire mettre le vin dans la glace. » Quoique hautain et ne supportant pas la moindre infraction au cérémonial, il aimait, pour sa part, ces goguenarderies de bon bourgeois. A huit heures tout le monde se retrouvait au château et la soirée fut morne : le Roi et les princes étaient fatigués de leur journée, les veneurs dépités de leur échec, les dames déçues d'être frustrées de la traditionnelle curée aux flambeaux. Et tel fut le début malheureux de l'équipage royal de la Restauration.

Il allait se relever bientôt de ce premier insuccès, car les Bourbons étaient, par long atavisme, chasseurs ardents et passionnés. Louis XVIII ne reparut plus à Rambouillet, mais la vénerie étant reconstituée, le duc d'Angoulême y vint chasser tous les cinq jours et, quand son père fut roi, la Forêt revit les belles fêtes cynégétiques d'autrefois. Dès le 15 novembre 1824, au sortir du deuil de son frère, Charles X vint prendre possession de Rambouillet ; le 6 décembre il y chasse et désormais ce domaine devient sa résidence de prédilection. Quand il y passe la nuit, il se lève, dès l'aube, pour entendre la messe à la paroisse : au seuil de la petite église il est reçu sous le dais porté par quatre conseillers municipaux...

Il serait fastidieux d'énumérer les visites princières que reçut Rambouillet sous le règne du dernier roi de France ; tant et tant de souverains et d'altesses ont, depuis Charles VI, franchi les portes du château ; il a abrité tant de grandeurs et tant d'illustres infortunes, que son histoire est en quelque sorte un compendium de nos Annales ; elle se découpe en tableaux si variés que chacun d'eux vaudrait d'être étudié en détail. Il faut se borner pourtant, non sans noter tout au moins la visite, en septembre 1826, du duc Louis-Philippe d'Orléans, de sa femme Marie-Amélie et de sa sœur Adélaïde ; celle-ci et son frère étaient les petits-enfants du duc de Penthièvre ; leur mère avait vécu à Rambouillet ses premières années, les seules heureuses, et en garda, tant qu'elle vécut, d'enivrants et mélancoliques souvenirs. Ce château, ce parc, ces bois étaient pour les princes d'Orléans un reliquaire de famille.

Deux ans plus tard, en septembre 1828, le château reçut, pour deux jours, le jeune duc de Bordeaux, alors âgé de huit ans. Il avait si souvent entendu son grand-père, le roi Charles X, vanter les charmes de Rambouillet qu'il était fort désireux de connaître ce lieu de délices; on lui permit ce voyage en récompense de son application et de ses progrès. Promenades en barque, pêche à l'épervier dans les canaux, goûter à la Laiterie, randonnées dans le parc et dans la Forêt, ce furent deux jours d'inoubliables joies pour l'enfant royal. Quand il fallut retourner à Saint-Cloud, il exprima vivement son désir de revenir à ce château où l'on s'amusait tant et le *Moniteur*, en rendant compte de cette excursion, assurait que les habitants de la ville, séduits par l'affabilité joyeuse du jeune prince, faisaient des vœux pour le revoir bientôt. Hélas! Nul alors n'aurait pu prévoir que leur souhait ne tarderait pas à s'accomplir...

Mais avant de relater les circonstances qui ramenèrent à Rambouillet l'héritier du trône, il importe de signaler la dernière modification que subit le château tant de fois remanié, réduit, augmenté, écorné, embelli ou replâtré depuis six siècles. L'architecte Famin constata-t-il des lézardes au côté sud de la façade donnant sur les canaux? Il le dit : c'était, il est vrai, la seule partie de l'ancien manoir féodal qui eût jusqu'alors échappé, dans son gros œuvre, aux innombrables rapiécetages, celle où se trouvaient, au rez-de-chaussée, la salle de marbre de Jacques d'Angennes et, au premier étage, les deux pièces de l'appartement du Roi aménagées, à une époque qu'on ne peut préciser, dans la grande salle du château primitif. L'âge de ce bâtiment justifiait quelques rides. D'autre part, ses murs épais de près de trois mètres étaient de nature à rassurer sur leur solidité; mais Famin avait son idée et il décréta, en avril 1820, que cette partie menaçait ruine. Son but était de la doter d'une monumentale façade de sa façon, élevée dans l'axe du canal qui s'étend de l'embarc·dère au Tapis vert; il estimait que ce motif architectural obligerait, par respect pour la symétrie, « à prolonger la construction en abattant la vieille tourelle du sud et à en élever une neuve en pendant avec celle existant à l'angle du pavillon de l'appartement d'assemblée ». Il construisit donc sa façade, mais elle eut si peu de succès qu'on le pria de suspendre les travaux avant qu'il eût entamé la tourelle. Le château perdit, à cette modification, les dernières fenêtres gothiques par lesquelles avait jusque-là pris jour l'appartement du Roi, et que remplaçaient trois larges baies de dessin fort lourd; il y gagna un surcroît de guingois, car ces trois baies, faites pour être un motif central, se trouvent, en raison de l'inachèvement du projet, reléguées à l'extrémité du bâtiment. En revanche, la grande salle qu'elles éclairent, revenue à ses dimensions premières, est, tout au moins par ses proportions, la plus belle du château, et la tourelle du sud, la seule des trois qui soit contemporaine du moyen âge, fut sauvée.

XIV

LES LIS FAUCHÉS

Ordonnances. — La Cour en fuite. — La fille de Louis XVI. — Exode de deux ministres. — Nuit dans les bois. — Dernière revue. — L'abdication. — Le petit roi de Rambouillet.

Le lundi 26 juillet 1830, monsieur le Dauphin, duc d'Angoulême, venant de Saint-Cloud, arriva au château à neuf heures du matin et y déjeuna vers midi; puis il alla dans la Forêt afin d'attendre son père, le roi Charles X, au poteau de Hollande, lieu fixé pour le rendez-vous, — ou, comme on disait alors, *l'assemblée,* — en vue de la chasse de ce jour-là. Le Roi y fut vers deux heures.

Après une chasse assez molle, on abandonna à quatre heures; le Roi et son fils retrouvèrent leurs carrosses à la croix de Vilpert et rentrèrent au château de Rambouillet « sur les cinq heures ». Le maire de la ville assista à leur dîner et les entendit « parler tout le temps des *Ordonnances* » signées de la veille. Au lieu de partir isolément, comme ils le faisaient d'ordinaire, ils montèrent, à huit heures du soir, dans le même carrosse pour retourner ensemble à Saint-Cloud.

Surpris de cette dérogation à l'usage, les gens de Rambouillet, informés déjà de la publication de ces Ordonnances, rendues, disait-on, en violation de la Charte Constitutionnelle, coururent à la poste afin de savoir comment les Parisiens accepteraient ce coup d'État; mais les journaux n'apprenaient rien. Le lendemain, 27, les courriers manquèrent : ni gazettes, ni correspondances d'aucune sorte; il en fut de même le 28 et le 29; des rares voyageurs qui traversaient la ville, on ne pouvait tirer que des renseignements contradictoires : Paris s'était soulevé; une guerre de barricades se poursuivait entre la populace et l'armée royale; le canon tonnait dans les rues; mais la bataille restait indécise et nul ne se risquait à en pronostiquer l'issue. Le vendredi, 30 juillet, au début de l'après-midi, on apprit que le drapeau tricolore flottait sur les tours de Notre-Dame; l'Hôtel de ville était au pouvoir des insurgés et les troupes du Roi se repliaient sur Saint-Cloud.

Même incertitude le samedi 31 ; mais, vers 8 heures du soir, une chaise de poste, menée grand train, roule sur les gros pavés de Rambouillet et s'arrête à la grille du château fermé. Un homme en descend : c'est le prince de Polignac, ministre des Affaires Étrangères et président du Conseil, celui auquel l'opinion publique attribue la responsabilité des Ordonnances. Il est pâle, défait, peut à peine se soutenir. Il implore du concierge un verre d'eau, un morceau de pain, griffonne fiévreusement un mot à l'adresse de son frère, le duc, et se rejette dans sa voiture qui s'éloigne à toute allure dans la direction de Chartres et de Vendôme.

Une heure et demie plus tard [1], la nuit tombée, — une belle nuit d'été, limpide et constellée, — nouvelle alerte : cette fois c'est tout un convoi qui descend l'avenue du château et vient se heurter aux grilles closes : — un carrosse, un autre, un troisième, huit carrosses, des cavaliers, des fourgons, des berlines, des cabriolets, une file incessante de voitures de toute sorte, s'immobilise et se presse, encombrant l'immense avant-cour d'un désarroi silencieux; et il y a aussi des piétons, soldats suisses, gardes du corps, dragons, gendarmes d'élite, pêle-mêle avec des laquais en livrées, des femmes embarrassées de paquets, une valetaille harassée, anxieuse de savoir pourquoi on s'arrête, où l'on est, et si l'on va plus loin. C'est la débandade royale, toute la Cour de France fuyant la révolution. Les grilles se sont vite ouvertes devant les carrosses de tête; le concierge allume en hâte des bougies; déjà, sur le perron, sont groupés les autorités de la ville, le maire, Delorme, le sous-préfet, Frayssinous, des magistrats stupéfaits, confondus. Le Roi, qui a fait à cheval une partie de la route, se présente le premier. « Sa figure a un ton violâtre; elle est immobile et semble frappée d'apoplexie : ses yeux seuls ont conservé de l'expression, celle de la douleur et d'un profond abattement. Son habit est couvert d'une couche de poussière que sillonnent des traces de larmes. » Il paraît gêné des regards fixés sur lui, s'arrête sur le premier palier pour

---

1. A onze heures du soir, écrit madame de Gontaut; — à minuit, dit Louis Blanc.

offrir son bras à la duchesse de Berri qui a sauté légèrement de sa voiture; elle est vêtue « d'une redingote
d'amazone; quatre mignons pistolets à la ceinture, les
cheveux ramassés sous un chapeau d'homme ». Du second
carrosse descend le baron de Damas, gouverneur du duc
de Bordeaux; il porte dans ses bras l'enfant endormi;
puis voici la duchesse de Gontaut avec *Mademoiselle*,
sœur du jeune prince, un peu plus âgée que lui; la fillette
pleure de faim mais dissimule ses larmes, comprenant
la catastrophe...

Le Roi et la duchesse de Berri ont monté les cinq
marches qui accèdent au vestibule d'où ils entrent dans
le grand salon neuf, bien vite rempli par la noble cohue
de leur suite; quatre ministres : Peyronnet, Chantelauze,
Capelle et Montbel; les ducs de Duras, de Maillé, de
Noailles, de Mouchy, de Luxembourg, de Ventadour,
de Guiche; des princes, des marquis, des comtes, des
maréchaux se pressant dans cette pièce immense à peine
éclairée par quelques bouts de bougies, voire de chan-
delles, glanés où l'on a pu. Car le concierge du château
ne dispose d'aucune provision, d'aucun secours. « Le Roi
salue tout le monde d'un signe de tête », marche un
instant sans parler, cherchant quelque chose à dire, et,
tout à coup, s'adressant au maire de Rambouillet : « Eh
bien, monsieur Delorme, vos habitants sont-ils toujours
sages? — Oui, sire. — Pourquoi n'est-ce pas partout de
même!... » soupire Charles X. Un silence. Un silence
d'autant plus terrible qu'il menace de se prolonger, nul
n'osant, s'il n'est interrogé, parler en présence du Roi.
Alors, celui-ci, de nouveau : « Vous dites donc que vos
habitants sont sages? — Oui, sire, j'en réponds comme

de moi-même... » A ce moment, émus sans doute de la pénible attitude du souverain, le baron de Damas et madame de Gontaut lui présentent le petit prince et sa sœur qui vont se reposer. Charles X embrasse les enfants; de grosses larmes roulent sur ses joues. Pour cacher son émotion, il tire sa montre : « Il est dix heures, dit-il, je croyais qu'il était plus tard. » Alors le maréchal duc de Raguse, comme pour répondre à cette réflexion, se permet d'observer « qu'on a bien faim » : « Du pain, sire... Du pain pour ces messieurs qui n'ont rien pris de la journée; les troupes n'ont pas mangé depuis vingt-quatre heures... » Le Roi ne dit mot.

En effet, on n'aurait pas trouvé, à cette heure-là, dans Rambouillet, une miche ou un morceau de viande : « les aubergistes et traiteurs, les boulangers, les bouchers n'avaient que leur approvisionnement ordinaire et tout, en un instant, s'était trouvé épuisé ». Le maire fit appel à la bonne volonté des habitants pour tâcher de satisfaire aux besoins de la famille royale : « chacun donna ce qu'il avait ». En même temps Delorme réquisitionnait tous les boulangers de la ville et leur commandait de cuire sans relâche : « trois manutentions furent immédiatement improvisées à la Ferme, à la Vénerie, à l'Hospice; tous ceux qui savaient faire le pain, hommes et femmes, mirent la main à l'œuvre; les bouchers se ravitaillèrent pendant la nuit « et comme certains fournisseurs hési-taient, disant : Qui nous paiera? — le maire prit tout sous sa responsabilité personnelle ».

Car ce n'était point seulement l'entourage des princes qu'il s'agissait de nourrir, mais l'armée royale qui, refluant de Saint-Cloud, arriva pendant la nuit et se massa autour du château : 600 dragons de la garde prirent position sur l'allée de Coupe-gorge, depuis la grille de l'Inspection jusqu'au carrefour de la Chasseuse ; les quatre compagnies des gardes du corps sous les quinconces et dans le jardin neuf. Les 500 gendarmes de Paris campèrent au Fer-à-cheval du grand parc ; un régiment de lanciers bivouaqua entre le carrefour de la Chasseuse et la grande route de Chartres ; six régiments d'infanterie gardèrent la route de Paris et quatre autres étendirent leurs cantonnements le long du ruisseau du Moulinet, depuis le faubourg de Groussay jusqu'à la forêt verte. Au total, douze mille hommes et une trentaine de canons.

Les hôtes du château, eux, ne pouvaient songer à s'allonger, comme les militaires, sous la futaie pour y passer la nuit ; il leur fallut s'ingénier à découvrir un gîte parmi le dédale des chambres de domestiques et des galetas qui se superposent sous les hautes toitures. Les plus diligents furent les moins mal lotis. Des quatre ministres, Montbel et Capelle durent se contenter d'un grabat dans une misérable chambre des Communs ; les deux autres, Peyronnet et Chantelauze, préférèrent aller, à deux lieues de Rambouillet, demander asile au châtelain de Pinceloup. La duchesse de Gontaut et *Mademoiselle*, sa royale pupille, s'établirent dans un petit appartement du château ; la fillette n'ayant pas soupé, sa gouvernante dépêcha un domestique en ville : il revint les mains vides ; aux cuisines, à l'office, rien. *Mademoiselle* dut se contenter d'un croûton bien dur trouvé sur le marbre d'une commode... La duchesse de Berri, que cette détresse semblait exalter en lui rappelant les aventures des héroïnes de son cher Walter Scott, s'était procuré un morceau de pain et offrait de le partager avec ceux que la fringale torturait : « Tant qu'il me restera quelque chose, disait-elle crânement, je n'oublierai pas mes fidèles amis. »

De ces fidèles le nombre allait se réduire bien vite. On n'a pas la prétention de raconter ici, ni d'indiquer même les grands événements politiques qui amenèrent la proscription des Bourbons de la branche aînée et l'intronisation du duc Louis-Philippe d'Orléans : on s'applique seulement à relater les incidents intéressant l'histoire de Rambouillet, la topographie du domaine et de nature à éclairer, si possible, l'inextricable distribution des appartements du château. Le dimanche, 1er août, dès l'aube, la route de Chartres qui traverse la ville « était sillonnée de malles-poste et de diligences surmontées du drapeau tricolore ». A huit heures du matin, un officier des grenadiers à cheval annonça que la duchesse d'Angoulême allait arriver : il l'avait laissée au relais de Coignières et la précédait de peu. La fille de Louis XVI revenait de Vichy où elle avait séjourné trois semaines : elle n'avait appris que sur le chemin du retour la publication des Ordonnances et les troubles de la capitale. Insultée à Dijon et à Tonnerre, elle avait réussi, en évitant Paris et en prenant le costume de sa femme de chambre, à gagner les environs de Rambouillet où elle savait que s'étaient réfugiés son mari et sa famille.

Aux *Vivat!* poussés par les soldats de garde, on discerne que la princesse approche : le Roi attend dans le grand salon dont la porte s'ouvre : l'orpheline du Temple entre vivement : Charles X s'avance vers elle; tous deux s'embrassent en pleurant. La princesse est vêtue d'une simple robe de laine; sur ses cheveux en désordre est posé un bonnet de servante : « Ah! qu'avez-vous fait? gémit-elle. — Me pardonnerez-vous? demande humblement le Roi à sa nièce. — Mon père, répond-elle, je partagerai tous vos malheurs. Du moins nous voilà réunis pour toujours. » Toute la famille royale, suivie du plus grand nombre de ses derniers courtisans, se rend à l'église et assiste à la messe; de retour au château, on apprend que, à Paris, les meneurs de l'insurrection ont proclamé le duc d'Orléans lieutenant général du royaume. Que faire? Capelle et Montbel, les deux ministres présents, proposent de lancer au peuple une proclamation. Le Roi approuve et les charge de la rédiger. Mais comment trouver un coin silencieux dans la bousculade du château? Ils y cherchent vainement des plumes et de l'encre et s'en vont chez le sous-préfet où ils pourront composer et écrire dans le calme leur manifeste. Ils en rédigent deux : l'un adressé « aux bons Français », l'autre faisant appel à l'honneur de l'armée. Ils reviennent au château afin de soumettre ces pièces à Charles X qui les reçoit aussitôt dans son cabinet; il est en compagnie du duc d'Angoulême. « Messieurs, dit-il à ses deux ministres, il ne s'agit plus de proclamations; j'ai résolu d'adhérer à la nomination de monsieur le duc d'Orléans comme lieutenant général du royaume... Je ne vois pas d'autre moyen d'échapper à la situation... »

Les deux ministres sont atterrés; le duc d'Angoulême, impassible, paraît résigné; « tout en lui est soumis aux volontés de son père »; pourtant : « Que va dire ma femme! » murmure-t-il. Le Roi lui-même est bouleversé :

« un profond chagrin se lit sur son front, sur ses lèvres, dans toute son attitude ». Capelle et Montbel tentent respectueusement de lui exposer les périlleux hasards auxquels l'acte, si grave, qu'il vient d'accomplir expose la monarchie; n'étant point parvenus à le faire revenir sur sa décision, ils lui expriment leur profond regret de ne point adopter cette politique néfaste; leur présence ne peut désormais que le compromettre; ils le quitteront donc. Il les embrasse en pleurant. Que vont-ils devenir? Leur projet est de rentrer à Paris, de s'y cacher en attendant la fin des troubles : peut-être le Roi pourrat-il alors faire de nouveau appel à leur dévouement. Mais il faut que leur départ soit clandestin car, hors de Rambouillet, ils seront exposés à être reconnus et à tomber entre les mains des « rebelles ».

Montbel, avant de se mettre en route, voulut saluer le duc de Bordeaux; il le trouva dans les parterres : le jeune prince jouait avec sa sœur au bord du canal, près des marches de pierre qui descendent à la pièce d'eau; le baron de Damas et les personnes de leur suite veillaient sur eux. On ne remarquait chez l'enfant royal « aucune altération; une vivacité impatiente rendait seulement ses mouvements plus prompts ». Il vint à Montbel avec empressement, sans demander s'il y avait quelque chose de nouveau; « il était cependant facile d'apercevoir son vif désir d'apprendre où en étaient les choses »... Le baron de Damas attira l'ex-ministre à l'écart; il lui confia ses craintes pour le précieux enfant dont il avait la garde; obsédé du souvenir de Louvel, l'assassin du père, il ne laissait approcher du jeune prince aucun inconnu... La séparation fut émouvante : « Que la Providence vous assiste », fit Montbel. « Que Dieu vous protège aussi », répondit Damas, qui, par précaution, fit endosser à son ami la redingote d'un de ses domestiques.

Ainsi travesti, Montbel rejoignit son collègue Capelle ; ils passèrent par la sous-préfecture afin de consulter une carte de la Forêt qu'ils n'avaient jamais parcourue et dans les profondeurs de laquelle ils allaient s'enfoncer. Le sous-préfet leur indiqua le chemin à suivre pour gagner Dourdan d'où ils pourraient, sans trop de risques, atteindre Paris par Arpajon et Longjumeau. Il les conduisit même, au delà du faubourg de la Louvière, jusqu'à l'entrée d'une allée forestière qu'ils n'auraient qu'à suivre jusqu'à son extrémité, et il les quitta.

Voilà donc les fugitifs engagés sous bois par une nuit splendide, toute resplendissante d'étoiles. Le comte de Montbel, à peine quadragénaire, demeurait alerte et solide piéton ; son compagnon, le baron Capelle, plus âgé, était de structure assez pesante et de goûts sédentaires. Pour qui est familiarisé avec la topographie du pays, il est facile de reconnaître que les deux marcheurs devaient suivre la route du Grand Veneur qui, en leur évitant la traversée du village de Clairfontaine, les conduirait à Rochefort-en-Yvelines d'où, par la forêt de Dourdan, ils atteindraient cette petite ville ; c'était cinq bonnes lieues de bois à parcourir. Mais ignorant tout de la région, ils jugeaient interminable ce voyage nocturne ; d'autant que la moindre alerte les arrêtait : le pas d'un cheval sur la route voisine, le bruit d'un grelot, un cri, un aboi, un coup de fusil lointain, la course d'un chevreuil dans les broussailles les détournaient de la ligne droite et retardaient leur marche. Ils allaient pourtant, courageusement et, dans les éclaircies, le ciel se teintait déjà des pâles lueurs de l'aurore quand le pauvre Capelle, tout en sueur, s'arrêta : « exténué de fatigue, il sentait les premières atteintes d'une crise de goutte et se déclarait incapable d'un pas de plus ». Ce disant, il se coucha tout de son long dans l'herbe humide d'une clairière et s'endormit d'un sommeil bruyant.

Montbel s'étendit à ses côtés et lui-même ferma bientôt les yeux : quand il les rouvrit, il faisait grand jour; un paysan qui se rendait à son travail et qu'avait attiré le ronflement du dormeur, considérait avec ébahissement ces deux inconnus, vautrés dans la rosée et dont l'un, — c'était Capelle qui n'avait pas pris la précaution de se travestir, — « était en frac noir, gilet de soie et cravate blanche ». Le villageois grommela quelques mots inquiétants où l'on distinguait qu'il allait prévenir les gendarmes; dès qu'il se fut éloigné, Montbel secoua son compagnon et parvint, non sans peine, à le persuader qu'il était urgent de déguerpir. C'est là le moindre des malencombres qui leur étaient réservés, car, après un repos chez M. de Saulty, au château de Baville, Montbel dut se réfugier dans une maison de fous dont le directeur était son ami; puis, après deux jours de cabanon, déguisé en artiste paysagiste, havresac au dos, album de croquis à la main, il parvint à traverser toute la France et à passer en Suisse. Jamais plus il ne devait revoir son pays, quoiqu'il eût encore trente et un ans à vivre. Quant à Capelle, il eut aussi la chance de gagner l'étranger; tous leurs autres collègues, sauf d'Haussez, furent, comme l'on sait, arrêtés dans leur fuite, écroués au donjon de Vincennes et condamnés à la détention perpétuelle.

Tandis que ses deux ministres vagabondaient ainsi à travers la forêt d'Yveline, Charles X, à Rambouillet, restait oisif, s'attendant à recevoir des nouvelles qui n'arrivaient pas. On n'avait pris aucune mesure qui permît de correspondre avec la capitale ou même d'avoir communication des gazettes.

De toute la journée du 1er août, le duc et la duchesse d'Angoulême ne quittèrent point le Roi; dans l'après-midi celui-ci reçut le colonel du 15e léger venant déposer le drapeau de son régiment, réduit à quelques hommes par la désertion. L'armée qui entourait le château, quoique composée, en grande partie, de la garde royale, manifestait quelque turbulence. Un grand désordre régnait dans les cantonnements : les soldats, les gardes du corps même, tiraient les faisans, les lapins du parc, démolissaient les palissades des bosquets pour s'en faire des bâtis de cabanes qu'ils complétaient au moyen de feuillage; ils se baignaient dans les canaux sous les fenêtres de la famille royale; les chevaux, parqués dans les parterres, arrachaient et mangeaient, à défaut de fourrages, les branches des arbres. La faim, l'inaction énervaient les troupes, toujours fidèles cependant et prêtes à marcher au premier ordre.

Vers sept heures du soir, dans l'espoir de rappeler les hommes à la discipline, le Dauphin, — tel était officiellement le titre du duc d'Angoulême, — montait à cheval et allait inspecter l'avant-garde massée sur la route de Paris. En même temps, Charles X, accompagné de madame la Dauphine, — la duchesse d'Angoulême, — de la duchesse de Berri et de ses deux enfants, *Mademoiselle* et le duc de Bordeaux, descendit dans l'avant-cour pour passer en revue les troupes bivouaquées là. Sa figure était, comme la veille, « violâtre et pesante »; il s'avançait lentement, dans son uniforme de colonel général, disant, de temps à autre, un mot aux officiers qui le saluaient de l'épée. La Dauphine, n'ayant pas trouvé à changer de costume, portait encore son travestissement de femme de chambre; elle tenait à la main un mouchoir dont elle se tamponnait les yeux; en passant devant les Suisses, on entendit qu'elle disait : « Croyez bien que je n'y suis pour rien. » Les habitants de la ville se pressaient en foule nombreuse, curieux et émus à l'aspect de ce vieillard de soixante-treize ans, — petit-fils de Louis XV dont certains vieux, peut-être, se souvenaient encore, — et qui passait, tout chancelant, une revue, avec, pour état-major, des femmes et des enfants en pleurs. Les gardes du corps repoussaient les badauds, ce qui déplut au Roi : « Laissez-les donc », commanda-t-il.

De l'avant-cour il passa dans les parterres où campaient les gardes du corps : il y fut accueilli par des clameurs frénétiques : *Vive le Roi! Mourons pour le Roi!* auxquelles se mêlèrent quelques cris « fâcheux » : *En Vendée!* Un officier supérieur parut sur le balcon du château et, par une allocution énergique, calma l'exaltation de cette troupe de Cour; mais elle se pressait autour du souverain avec des protestations de dévouement et le reconduisit jusqu'au perron. C'est alors qu'une vive fusillade crépita dans les lointains du grand parc; l'assurance s'était répandue que le Roi autorisait les soldats à tuer le gibier, et ils en faisaient un massacre : « en un instant quatre à cinq mille pièces furent abattues »; d'un bout à l'autre des cantonnements ce fut une orgie de gibelottes et de civets et, cette nuit-là, du moins, les troupes mangèrent à leur faim.

Au château la soirée fut lugubre : Charles X, sombre et silencieux, le Dauphin songeur, la Dauphine en larmes, la duchesse de Berri trépidante, les deux enfants consternés et inquiets. Quand M. de Damas, gouverneur du duc de Bordeaux et madame de Gontaut, gouvernante de *Mademoiselle*, les approchèrent du grand-père pour le bonsoir traditionnel, celui-ci les embrassa plus tendrement encore qu'à l'ordinaire et, s'adressant à M. de Damas et à madame de Gontaut : « Soyez ponctuels demain, dit-il gravement, j'aurai à vous parler. » Le maire, Delorme, était parvenu à se procurer un exemplaire du *Constitutionnel* qui contenait des nouvelles « fort alarmantes »; quand il l'apporta au château, le Roi avait déjà regagné son appartement; il s'était mis au lit mais ne dormait pas. Delorme parvint à lui faire passer le journal dont Charles X écouta la lecture avec grande attention; puis, après un moment de réflexion, il soupira : « Que veut-on que j'y fasse maintenant ! »

La chambre où il passa la nuit, la dernière de son règne, était, bien probablement, celle qu'avait occupée l'Empereur, car, rompant avec la tradition de Louis XIV, de Louis XV et de Louis XVI, il avait abandonné, à l'exemple de Napoléon, l'ancien appartement royal au sud du château pour s'installer dans l'aile de l'ouest et dans l'appartement d'assemblée. De ceci on ne peut guère douter puisque, en 1823, le bibliothécaire du château, Delandine de Saint-Esprit, a tracé une description que l'on souhaiterait, il est vrai, plus précise, mais qui ne peut en aucune façon s'appliquer aux pièces naguère habitées par les rois. D'ailleurs, depuis la destruction de l'aile de l'ouest, en 1806, et la modification de 1820 qui réunit en une seule grande salle les deux salons précédant l'ancienne chambre à coucher de Louis XVI, il n'y avait plus place pour le Roi dans cette partie du château : cette grande salle neuve devint le salon de Madame, duchesse d'Angoulême, dont les deux pièces en retour formèrent l'appartement. Le duc d'Angoulême, la duchesse de Berri et ses enfants occupaient ce que Delandine nomme *l'appartement des princes*, situé au deuxième étage et qui comporte un grand nombre de belles pièces et de dégagements commodes.

Les désignations de Delandine sont fort obscures : d'après lui, l'appartement du Roi, sous la Restauration, se compose « d'une pièce d'entrée où était autrefois la carte de neuf mètres sur trois, volée par les Prussiens ; — d'une salle à manger spacieuse et commode ; — d'un premier salon ; d'un second salon ; d'une chambre à coucher et d'un cabinet de toilette ». Voilà bien les six pièces de l'appartement d'assemblée. Delandine ne mentionne pas la salle de bains, ni les autres pièces doublant les salons aux belles boiseries ; il parle cependant « d'une autre pièce » qu'il nomme « le cabinet du Roi » et où sont, dit-il, « quatre corps de bibliothèques en acajou recouverts de glaces dont l'élégance est en harmonie avec celle du riche cabinet où elles (*sic*) se trouvent ». Peut-être était-ce l'ancienne chambre à coucher de l'Empereur. Tout cela reste hypothétique.

C'est bien certainement dans l'une des pièces ouvrant sur le balcon que pénétrèrent, le 2 août au matin, sous la conduite de M. de Damas et de madame de Gontaut, le petit duc de Bordeaux et sa sœur. Ils y trouvèrent, fort occupé d'un écrit qu'il paraissait terminer, le vieux roi qui, très ému, tendit ses bras à son petit-fils, l'attira à lui et le tint un bon moment serré sur son cœur. Puis il prit sur sa table l'écrit préparé : « Voilà mon abdication, dit-il; la rédaction ne m'en plaît pas complètement... » Et le vieillard lut d'une voix grave : « Je suis trop profondément peiné des maux qui affligent ou qui pourraient menacer mes peuples pour n'avoir pas cherché un moyen de les prévenir. J'ai donc pris la résolution d'abdiquer la couronne en faveur de mon petit-fils. Le Dauphin, qui partage mes sentiments, renonce aussi à ses droits en faveur de son neveu... »

Il faut dire que, selon la tradition monarchique, le Roi ne pouvait, en renonçant au trône, choisir un autre successeur que celui désigné par la loi héréditaire, le Dauphin, son fils, duc d'Angoulême; il fallait donc que ce prince abdiquât, lui aussi, pour que le petit duc de Bordeaux pût recevoir l'investiture royale. Tandis que Charles X achevait la lecture, madame la Dauphine entra et apprit ainsi qu'elle ne serait pas reine; sans un mot, respectueusement, elle accepta ce sacrifice. Le Dauphin survint à son tour : il donna un regard à l'acte d'abdication, prit la plume, le signa, disant : « Puisqu'ils ne veulent pas de moi, qu'ils s'arrangent! » Le petit roi, serré contre sa sœur, s'étonnait que les yeux de son grand-père, de son oncle et de sa tante, fixés sur lui, fussent pleins de larmes;

Mademoiselle lui dit tout bas : « Mon frère, il va nous arriver un grand malheur, car tout le monde pleure en nous regardant. Prions le bon Dieu... » *Par la porte-fenêtre ouverte, elle l'entraîna sur le balcon;* ils se mirent à genoux, joignirent les mains. A ce geste touchant, les sanglots éclatent ; car on va se séparer de cet enfant adoré que sa famille considère comme « l'enfant du miracle »; c'est sur sa frêle tête que repose tout l'avenir de la monarchie légitime. Il faut qu'il aille à Paris, dans la fournaise, loin de tous les siens ; il régnera, de nom seulement, sous la tutelle du cousin d'Orléans... Quel sera son sort ? Que de périls, quelles catastrophes le menacent ! Et le pauvre aïeul déchu, épouvanté du redoutable fardeau dont il charge les épaules de son petit-fils, dit à madame de Gontaut : « Emmenez les enfants. Leur tristesse me fait mal. Allez. Tâchez de les distraire ; mais il faudra que je vous parle ; je vous ferai avertir... »

On scelle le double acte d'abdication que deux gentils-hommes porteront à Paris ; madame de Gontaut remonte avec le duc de Bordeaux et sa sœur au deuxième étage. Déjà ces enfants semblent ne plus penser à la scène épique dont ils viennent d'être les témoins : ils se font avec des chaises un attelage et le petit prince se perche joyeusement, rênes et fouet en mains, sur un haut siège, quand le baron de Damas, entrant, s'incline profondément : « Sire... » dit-il. Il se fait un grand silence ; le jeu cesse ; l'enfant, étonné, regarde son gouverneur. « Sire, reprend celui-ci, votre auguste grand-père... vient d'abdiquer : c'est vous qui êtes roi sous le nom d'Henri V. » Le duc de Bordeaux met pied à terre et, se plaçant devant le baron, répond : « Bon-papa qui est si bon n'a pu faire le

bonheur de la France, alors on veut me faire roi? »
Il hausse les épaules et ajoute : « Monsieur le baron, c'est
impossible. » Puis revenant vers sa sœur et reprenant
son fouet, il conclut : « Allons, jouons! » Tel fut son
premier, — et son dernier, — discours du Trône.

L'heure du dîner fut avancée. Charles X y parut en
simple frac; plus d'uniforme, plus de grand cordon, plus
d'insignes de la royauté. L'abdication était connue, on
en avait rapidement imprimé le texte, déjà placardé sur
les murs de Rambouillet. Tandis que le repas se poursuivait en silence, là-haut, on ouvrait les malles, on en
tirait un mignon uniforme de colonel de cuirassiers dont
on revêtait le petit Henri V; on le mena, ainsi costumé,
chez son grand-père qui le prit par la main et descendit
avec lui dans l'avant-cour du château. En apercevant le
jeune roi, conduit par son aïeul, les gardes du corps
prirent les armes : l'enfant passa devant le front des
troupes. Les épées s'abaissèrent; le drapeau blanc
s'inclina et les cris de *Vive le Roi!* retentirent. Quelle put
être l'attitude, quel dut être le choc ressenti par un enfant
de moins de dix ans, héros d'une circonstance si solennelle? Cette impression fut, à coup sûr, intense, car,
à cinquante ans de là, après un demi-siècle d'exil, celui
qui avait été le petit roi de Rambouillet se plaisait, dans
sa solitude de Frohsdorff, à feuilleter des albums contenant des images de France, les Tuileries, Saint-Cloud,
Trianon... « Devant les derniers feuillets, — des aqua-
relles rappelant la scène du 2 août 1830, — la voix du
prince devenait mélancolique et se chargeait d'émotion. »
Il reconnaissait, dans le fourmillement des principaux
personnages de ces tableaux d'Histoire, « des acteurs de

ce drame de la monarchie, particulièrement beaucoup de gardes du corps dont il était l'idole et auxquels il s'amusait à faire des niches ».

Après cette revue, pour distraire les enfants, toute la famille royale entreprit, à pied, le tour classique des canaux, — une bonne demi-lieue. Dans ces bosquets ravagés par le séjour des troupes, la lente marche dut être attristante; chaque pas, chaque regard donné aux pittoresques aspects des miroirs d'eau reflétant les vieux arbres, avivaient chez ces naufragés le douloureux sentiment de la mise au rebut; sous les solennelles harmonies du crépuscule d'août, ils pensaient, sans oser se le dire, qu'ils voyaient ces choses aimées pour la dernière fois et que cette promenade était un adieu. De retour au château, vers huit heures et demie du soir, on avisa Charles X que quatre commissaires du gouvernement provisoire, venus de Paris, sollicitaient une audience et s'offraient à protéger le Roi dans la situation pénible où il se trouvait. Il refusa de les recevoir : « Entouré de douze ou quinze mille soldats fidèles, dit-il fièrement, quatre hommes de plus me sont inutiles. »

Le mot d'ordre fut donné à la garde par le baron de Damas, au nom d'Henri V, et, cette nuit-là, le vieux château de Rambouillet abrita le sommeil de trois rois : Charles X, son fils qui, durant quelques minutes avait été Louis XIX, et son petit-fils dont le règne commençait dans l'ouragan. Le vieillard était résigné; l'enfant insouciant; seul, l'ex-Louis XIX manifestait quelque dépit : un des premiers gentilshommes de sa Chambre étant entré chez ce prince sans se faire annoncer, celui-ci s'irrita d'une telle infraction à l'étiquette et, tout en colère : « Qu'il ne vous arrive plus, gronda-t-il, d'oublier ce que vous me devez... »

La journée du lendemain, 3 août, s'écoula dans l'attente : la famille royale tint conseil. L'idée dominait que les choses allaient s'arranger, que l'abdication sauvait la monarchie; trois régiments de cavalerie, arrivés dans la journée, renforçaient l'armée royale; afin d'assurer la solde de ces hommes, quand le soir tomba, on alluma dans la cour du château de grands brasiers sur lesquels on fondit l'argenterie du Roi. Bien certainement, ce grand désastre avait attiré certains de ces brocanteurs qui trouvent à trafiquer des plus nobles infortunes; quelques gardes du corps, affamés et sans argent, vendirent leurs galons à ces rapaces pilleurs d'épaves. Les bruits les plus sinistres circulaient : les « rebelles », disait-on, marchaient en masses compactes sur Rambouillet et l'armée se préparait, — non sans joie, — à livrer bataille. Vers huit heures et demie du soir se présentèrent, de nouveau, trois des commissaires du gouvernement provisoire repoussés la veille par Charles X. Cette fois, on lui conseilla vivement de les entendre : c'étaient MM. de Schonen, Odilon Barrot et le maréchal Maison. Avertis qu'ils seraient reçus, ils quittèrent aussitôt l'auberge Saint-Martin où ils étaient descendus; une grande foule se pressait sur leur passage. Le duc de Raguse fit quelques pas à leur rencontre et les introduisit dans le grand salon d'où ils passèrent dans la chambre à coucher de l'ex-roi.

Ici, nouvel embarras topographique : le « grand salon », c'est, bien certainement, la vaste pièce qui sert aujour- d'hui de salle à manger : la chambre à coucher de

Charles X était-elle donc immédiatement voisine de cette pièce? A lire les récits de la scène, on doit le croire, et cette indication infirmerait la description tracée par le bibliothécaire Delandine. Faut-il admettre que les contemporains eux-mêmes se fourvoyaient sur la disposition compliquée des appartements, ou que, pour la circonstance, Charles X eût reçu les délégués du gouvernement provisoire dans la chambre de la duchesse d'Angoulême, chambre qui touchait, en effet, au grand salon? Quoi qu'il en soit, les commissaires affirmèrent au vieux roi qu'une formidable armée de Parisiens s'avançait à marche forcée sur Rambouillet : pour, éviter un horrible carnage, le monarque devait s'éloigner au plus tôt...

Il hésitait. Alors Odilon Barrot, « sortant de la chambre à coucher et entrant dans le salon », s'adressa, très ému, aux officiers de la couronne : « Messieurs! Sauvez le Roi! Sauvez le Roi! Tout Paris est à Coignières. Dans deux heures, soixante à quatre-vingt mille Parisiens seront ici! » Voyant l'émoi causé par ce cri d'alarme, Charles X prit à part le maréchal Maison : « Maréchal, lui dit-il, au nom de l'honneur et sur votre parole de soldat, je vous somme de dire la vérité. Est-il exact que ce soit la population entière de Paris qui arrive spontanément et sans ordre? » Sans hésiter, Maison répondit : « Je le jure, sire. Ils n'ont dit que la moitié de la vérité. » Le Roi le regardait dans les yeux; il eut confiance : « C'est bien, dit-il, je vais partir. »

Mais où se réfugier? Les trois commissaires s'éloignaient : le but de leur mission était atteint. Charles X apercevant, parmi les courtisans, familiers de son entourage, le duc de Noailles qui, de toute la journée, n'avait pas quitté le salon : « Mon cher duc, fit-il, pour éviter de grands malheurs, je vais m'éloigner. Recevez-nous à Maintenon. » Le duc s'inclina respectueusement et gagna sa voiture, pour devancer la famille royale et mettre son château en état de la recevoir. Il était près de onze heures du soir et, tout aussitôt, le vieux roi, s'adressant à madame de Gontaut et au baron de Damas, ordonna de « préparer tout pour le départ ».

On dut réveiller *Mademoiselle* qui dormait à poings fermés. Quand elle eut compris qu'il fallait se lever et partir, la fillette sanglota : « Non! non! pas partir! » gémissait-elle, encore tout endormie. De cinq ou six paires de draps prélevés sur les couchages de l'appartement, la gouvernante composa une sorte de lit de camp, afin que la jeune princesse parvînt à s'étendre et à continuer son sommeil pendant la route. Quant au petit roi, dans la bousculade des bagages, constatant que toutes ses affaires étaient restées aux Tuileries, il dit au fidèle La Villatte, le plus aimé de ses écuyers : « Je vous réponds que si je retourne à Paris, je ne le quitterai plus. »

En quelques instants, tout le monde fut prêt : les voitures étaient déjà dans la cour où achevaient de brûler les feux sur lesquels fondait l'argenterie royale : dans le premier carrosse monta Henri V, et avec lui le baron de Damas et M. de Barbançois; la seconde voiture reçut La Villatte et deux ou trois personnes de suite; la duchesse de Berri prit place dans la troisième avec madame de Gontaut et *Mademoiselle;* ses officiers occupèrent la suivante. Le duc d'Angoulême installa sa femme et une dame d'honneur dans le cinquième carrosse; quant à lui, préférant voyager seul, il monta à cheval. Enfin parut, sur le perron, Charles X, appuyé au bras du sous-préfet; au moment où il s'approchait du marchepied, le duc de Raguse lui dit : « Sire, je vais rester encore deux heures. Votre Majesté n'a pas d'ordre à me donner? — Non, monsieur le maréchal, non », répondit le Roi qui se hissa, non sans peine, dans la voiture, où s'assirent avec lui le duc de Luxembourg, capitaine des gardes et le duc de Polignac, premier écuyer, frère du ministre en fuite; le Roi salua d'un signe de tête et donna l'ordre « d'aller ». Tout s'était passé, presque sans un mot, sans désarroi, non plus, « avec une célérité tenant du prodige ». Derrière les voitures royales s'allongeait l'interminable file des voitures emmenant les derniers fidèles, les services, la domesticité, et aussi des fourgons de bagages, des chariots de fourrage et de paille, — toute une foule, — tout un monde, pour mieux dire, roulant vers un destin dont nul ne pouvait percer le mystère. Dans les profondeurs du parc résonnaient, au loin, les sonneries de trompettes et les appels des tambours annonçant la retraite; car l'armée suivait le Roi et s'écoulait déjà, par les avenues sombres, vers cette porte de Guéville que, quinze ans aupara-vant, avait passée Napoléon, allant, lui aussi, vers l'inconnu.

Sur le perron du château, le sous-préfet, le maire, les autorités de la ville, assistaient, atterrés, à cet exode tragique, épouvantés de ce qu'allaient être les lendemains menaçants. Au fond de la cour, auprès des feux éteints, un seul fourgon, dételé, restait abandonné et, sur la terrasse des Communs, avaient été laissés, dans la préci-pitation du départ, sept grands carrosses de gala, dorés et armoriés de l'écusson de France. Aux appartements, tout était désert et silencieux; le concierge verrouilla les portes, ferma les grilles, faible défense contre l'armée de 80 000 vainqueurs des Trois Glorieuses, dont on annonçait l'arrivée imminente; leur colère, sans doute, s'exercerait contre le vieux château qui avait servi d'asile à la monarchie fugitive.

XV

L'ARMÉE PARISIENNE

Cent cinquante mille rations pour mille deux cents hommes. — Chasse dans les tirés. — Les diamants de la Couronne. — Dans les carrosses du Roi.

Pour parer à ce danger, la municipalité n'a que deux ou trois heures. Il faut, au plus vite, organiser une milice nationale, arracher les placards affichés sur les murs de la ville pendant le séjour de Charles X, confectionner des drapeaux tricolores, des écharpes pour les autorités, des cocardes pour tous les habitants. La garde du château est confiée à trente bons citoyens; le maire court de l'hôtel de ville à l'auberge Saint-Martin où sont les commissaires du gouvernement de Paris; il ne peut compter sur leur secours car ceux-ci s'apprêtent à suivre la famille royale afin de surveiller, de diriger et de hâter sa retraite. Ils sont, d'ailleurs, peu rassurants : le maréchal Maison dit à Delorme : « Je plains votre pays : attendez-vous à recevoir cent cinquante mille hommes d'ici à quarante-huit heures : il en vient de toutes les directions. » Cent cinquante mille hommes dans cette petite ville dont la population n'est pas de deux mille âmes! Où les loger, comment satisfaire à leurs exigences? Et vite, vite, les boulangers reçoivent l'ordre d'enfourner, les bouchers de s'approvisionner coûte que coûte; il importe aussi que ces envahisseurs soient accueillis en frères : qu'on pavoise aux trois couleurs toutes les maisons; qu'on illumine; qu'une députation de notables s'avance à leur rencontre sur la route de Paris, afin de les haranguer et, si possible, de les amadouer.

Et, dans cette situation critique, voici une terrible complication. M. Chambellant, receveur-payeur de la liste civile, annonce que le fourgon resté dans la cour du château renferme tous les diamants de la Couronne; la famille de Charles X les a, non pas oubliés, mais volontairement abandonnés, ne voulant pas, dans son absolu dénuement, conserver ce trésor dont seule la jouissance lui était attribuée. En hâte, pour les soustraire aux convoitises, on appose sur les caissons contenant ces inestimables richesses, le sceau de la mairie; on pousse le fourgon dans la première cour des Communs; on l'y enferme. Le maréchal Maison en prendra les clefs, dont le maire refuse de se charger. Et voici l'avant-garde des Parisiens qui approche : ils sont au nombre d'une douzaine, pas plus, dont « un général » qui se présente en fourrier : 80 000 hommes le suivent, annonce-t-il... Pourtant il ne paraît pas très informé du montant de ses effectifs, car, pour ces 80 000 hommes, il commande seulement 30 000 rations, chiffre qu'il réduit bientôt à 25 000, puis à 15 000. Il est accompagné de deux élèves de l'école Polytechnique qui se font ouvrir le château où ils vont passer la nuit. Vers sept heures du matin les premiers détachements de l'armée parisienne entrent en ville : trois à quatre cents très jeunes gens, fort exaltés et fort assoiffés, dont la plupart ne sont pas armés. On les cantonne chez les habitants qui les accueillent avec cordialité; mais ces gamins n'ont qu'un désir : chasser dans le parc royal, et ceux qui n'ont pas d'armes réclament des fusils qu'on ne peut leur fournir. N'importe, tous se répandent dans les tirés et ceux qui sont en possession d'un mousquet ou d'une carabine parviennent, grâce à des feux de file nourris, à abattre quelques pièces, — dont un de leurs camarades, qui mourut sur le coup. Au cours de la journée, arrivait, par petites bandes, le « gros » des insurgés parisiens : on en compta, au total, mille à douze cents. Ce fut tout. Le reste s'était évanoui en route : et c'est sous la menace de cette ridicule cohorte que s'était repliée l'armée royale, forte de douze mille hommes, de six mille chevaux et de trente-huit pièces d'artillerie!

D'ailleurs, cette folle invasion, à peine reposée et rafraîchie, ne pensait plus qu'à regagner Paris et à y faire une entrée triomphale. Ces joyeux lurons s'emparèrent, malgré l'opposition de quelques polytechniciens, des sept rutilants carrosses abandonnés par la Cour et décidèrent de voyager dans ces somptueuses voitures. Ils mirent en réquisition une soixantaine de chevaux restés à la Vénerie, en attelèrent huit, — comme le Roi! — à chacun des carrosses, s'y entassèrent qui dans l'intérieur, qui sur le toit, sur les brancards, sur le siège, sur les marchepieds, voire sur les chevaux; le maire supputa que plus de trois cents personnes réussirent à se jucher sur ces sept voitures; il dut fournir aux autres tout ce qu'il put trouver de cabriolets, de charrettes et de tombereaux dans la ville et aux environs et l'étonnant cortège, grouillant, riant, braillant, chantant, prit en cet appareil la route de Paris.

Les diamants de la Couronne furent remis, le 4 août, en présence des fonctionnaires et des employés du château, à un aide de camp du duc d'Orléans, muni de pouvoirs en règle et assisté de deux élèves de l'école Polytechnique, qui, solidement escortés, emportèrent les précieux caissons. Ce que l'Histoire ne dit point, c'est comment les Rambolitains parvinrent à consommer les 80 000 rations de pain et de viande destinées à satisfaire l'appétit d'envahisseurs qui ne parurent jamais.

XVI

DEPUIS 1830

Décadence. — Le château devenu guinguette. — Démolition de la vieille
paroisse seigneuriale. — Le Second Empire. — Locataires de marque. —
Le président Félix Faure. — Rambouillet, résidence présidentielle. —
Les appartements. — Les parterres. — La Laiterie.

Bien qu'un mauvais plaisant ait affirmé que les chevaux
de Marly, dressés à l'entrée des Champs-Élysées, sont
l'image du peuple français, « toujours bridé et toujours
cabré », ce peuple est certainement de tous le plus docile,
le plus conciliant, le plus facile à gouverner : pourvu
qu'on lui assure la liberté du travail, la possibilité de
l'économie et la protection contre les aventures, il se
déclare satisfait et n'en demande pas davantage. On le
vit bien, au cours du XIXe siècle, alors qu'aucun gouvernement n'atteignit sa vingtième année : à Rambouillet
comme ailleurs on supportait stoïquement la secousse
du changement de régime et on se reprenait à vivre,
sans regards sur le passé et sans trop d'illusions sur
l'avenir. Là, comme ailleurs encore, on fit disparaître

les bustes de Charles X, ainsi que, quinze ans auparavant, on avait supprimé les bustes de l'Empereur ; on inaugura celui de Louis-Philippe par un grand bal dans les salons du château et on dépêcha à Paris une députation chargée de présenter au nouveau roi les hommages de la ville.

Elle pouvait cependant concevoir certaines inquiétudes : qu'allait-il advenir de la Forêt et du château, ces deux providences du pays ? La Cour bourgeoise du Roi-citoyen affectait un tran-tran familial fort opposé au luxe traditionnel de la monarchie défunte et l'on craignait de ne plus revoir les chasses princières et les lucratifs séjours de souverains auxquels le pays avait dû sa prospérité. On fut bientôt fixé : Rambouillet était exclu de la dotation accordée par les Chambres à Louis-Philippe ; la Vénerie était congédiée ; le château devait être « employé ou vendu par l'État ». En 1833 la chasse de la Forêt fut donc louée à des particuliers ; l'ancien palais du roi de Rome « qui avait coûté 800 000 francs fut mis aux enchères et vendu 72 000 francs ». Le château et le parc trouvèrent un locataire en la personne du baron Schikler qui l'occupa jusqu'en 1846 ; le comte Duchâtel lui succéda : pour 9 500 francs, montant du loyer annuel, il jouissait de cette propriété royale, — la Laiterie exceptée, — preuve éclatante que, en ce temps reculé, on se logeait à bon compte dans cette région de l'Ile-de-France...

Le 24 février 1848, la République étant proclamée à Paris, les Rambolitains confinèrent dans quelque grenier le buste de Louis-Philippe et adressèrent leur adhésion au gouvernement nouveau-né ; mais, l'année suivante, le comte Duchâtel résilia son bail et l'Administration des Domaines chercha vainement un locataire qui consentît

à lui succéder. Malgré d'alléchantes réclames annonçant
« la mise en adjudication d'un château comportant plus
de cent salons ou chambres, de ses pièces d'eau, de sa
Laiterie, de ses immenses jardins d'agrément, d'une
contenance de 128 hectares, et du droit de chasse dans
le grand parc, le tout pour la somme totale de
10 900 francs », aucun amateur ne se présenta ! La vénérable demeure du comte de Toulouse risquait d'être mise
en vente et démolie pour ses matériaux. Ce fut le chemin
de fer qui la sauva. Le 5 juillet 1849 la ligne de Paris à
Chartres avait été inaugurée et livrée, le 12, au public :
cette nouveauté enchantait les Parisiens ; elle rapprochait
d'eux une région presque inexplorée, en raison de son
éloignement, une forêt réputée, un parc royal ; certains
hommes d'affaires, spéculant sur ces attractions, imagi-
nèrent de les mettre à la portée des moins fortunés :
pour deux francs cinquante ils transportaient les voyageurs depuis la gare Montparnasse jusqu'à Rambouillet,
et le retour était gratuit ; les salons où tant de rois avaient
résidé devinrent des salles de restaurant « à bon marché,
— spécialité de gibier et de poisson ». Des jeux de bague,
des boutiques foraines, des amusements divers furent
installés sous les Quinconces ; entre le château et la
grande pièce d'eau s'établit « un bal à grand orchestre » ;
des gondoles, — sans doute, celles qui jadis promenaient
les impératrices, — conduisaient les visiteurs à la Laiterie
royale et aux Iles où, le soir, on tirait un feu d'artifice ;
même un Rambolitain avisé se procura une robe de bure
à capuchon, s'agrémenta d'une longue barbe et prit
possession de l'ermitage du jardin anglais où les candides
promeneurs s'émouvaient de surprendre en prières ce

pieux solitaire... Cette foire populaire connut d'abord une grande vogue; l'affluence était telle que « le chemin de fer n'y suffisait pas »; le restaurant du château refusait des dîneurs et toutes les auberges de la ville étaient assiégées. Mais ce succès, presque exclusivement dominical, ne couvrait pas les frais de l'entreprise et le château profané ferma ses portes.

On le croyait, cette fois, condamné à mort : en vain d'autres spéculateurs tentèrent de lui procurer un sursis; un cercle de Paris y créa « un salon d'été »; d'autres, plus hardis, ayant constaté les vertus spéciales d'une source du parc, rêvaient d'un établissement thermal qui eût détrôné Plombières et Vichy. Le gouvernement coupa court à ces songeries en décrétant que le château serait transformé en une maison d'éducation destinée aux orphelines dont les pères auraient été décorés de la médaille militaire. Cette fois les Rambolitains protestèrent; pris de la nostalgie des grands jours qu'avaient connus leurs pères, ils voulaient pour châtelains des chefs d'État et des Altesses et, par la voix de leur conseil d'arrondissement, ils implorèrent du prince président de la République l'honneur pour Rambouillet d'être compté parmi les immeubles nationaux affectés à sa résidence. Leur vœu fut exaucé; trois mois plus tard l'Empire était restauré et le château de Rambouillet redevenait palais impérial.

Cette promotion lui valut d'être habité, durant plusieurs mois, par une cousine de Napoléon III, la princesse Bacchiochi, alors âgée de cinquante-trois ans; mais l'Empereur n'y séjourna pas, Compiègne, Fontainebleau et Saint-Cloud étant plus logeables. A partir de 1859 seulement la Cour y vint chasser et les tirés du grand parc reçurent annuellement des « fusils » de marque. Napoléon III y chassa pour la dernière fois le 6 janvier 1870; huit mois plus tard, les Prussiens prenaient possession de la ville qui fut accablée de réquisitions, menacée d'incendie, soumise à des exactions sans nombre; un officier de uhlans, faisant fonction de major, habitait le château; le 15 mars 1871, enfin, Rambouillet était délivré de la présence des ennemis.

Au début de l'été, le bruit se répand que M. Thiers, chef du gouvernement provisoire, viendra passer une partie de la belle saison au château dont on prépare les appartements; en septembre est inaugurée la nouvelle église dont la construction a duré trois ans et, l'année suivante, la séculaire paroisse, mêlée depuis tant de siècles à l'Histoire, est démolie; des vieilles pierres qui ont vu prier Louis XIV, Louis XV, Louis XVI et Charles X, certaines sont employées à la construction de la villa *le Jalon*, la première qui fut élevée en bordure du chemin qui mène à Grenonvilliers : on utilisa ainsi quelques piliers de l'ancienne église portant l'écusson des d'Angennes; quant aux ossements des membres de cette famille qu'on exhuma des caveaux mis à jour, ils furent réclamés par les châtelains du Tremblay.

Le château trouva enfin un locataire : le duc de la Trémoille qui, moyennant 10 000 francs par an, allait l'occuper, durant la saison des chasses, jusqu'en 1883; il y reçut magnifiquement le prince de Galles, le maréchal de Mac-Mahon, les princes d'Orléans. A l'expiration de son bail, il offrait de tripler le prix de la location pour en conserver la jouissance; mais il était indispensable que le président de la République, alors M. Grévy, quand il chassait dans les tirés du grand parc, disposât des appartements du château pour y traiter ses invités, et le bail du duc de la Trémoille ne fut pas renouvelé.

Ni Grévy, ni Carnot, ni Casimir-Perier n'habitèrent le château; ils ne firent qu'y passer aux jours des chasses officielles. Félix Faure fut le premier qui, sur l'invitation des sénateurs et des députés de Seine-et-Oise, s'y installa, en 1894, avec sa famille, et la population lui fit un accueil enthousiaste; fidèle à son destin, le vieux château, théâtre de tant d'événements, abri de tant de figures d'Histoire, recouvrait, sur le tard, le privilège d'être la résidence d'été des chefs de l'État, et, depuis lors, tous les présidents de la République l'ont successivement habité. M. le président Gaston Doumergue, qui l'occupe maintenant durant les vacances parlementaires, s'est pris de curiosité pour les Annales de cette antique demeure; grand liseur d'Histoire, il consacre les loisirs que lui laissent ses éminentes fonctions à recueillir les traditions du passé lointain; il se plaît, chaque matin, à de longues marches dans les solitudes du grand parc dont les immenses garennes, les ombreuses avenues et les solennels carrefours dégagent un charme mélancolique dont il aime la grandeur. Le château et les jardins de Rambouillet lui devront beaucoup : il s'intéresse à leur entretien, s'attriste de l'abandon où sont laissées, faute de ressources ou de personnel, certaines parties de l'immense domaine. Ayant au deuxième étage ses appartements particuliers, prenant vue sur les parterres et le grand canal, le Président réserve les beaux salons du premier étage aux réceptions officielles. L'ancien appartement d'assemblée du comte de Toulouse est superbement meublé, si l'on excepte la première pièce aux belles boiseries dont les sièges, plus remarquables par leur origine que par leur beauté, — ils sont l'œuvre des élèves de Saint-Denis, — détonnent quelque peu avec l'exubérante magnificence des lambris de chêne. C'est probablement dans le fond de ce salon, à la place où se voit aujourd'hui une grande tapisserie des Gobelins, qu'était tendue, au temps de Louis XVI et de l'Empire, la grande carte volée par les Prussiens; restituée après la mort de Blücher, en 1819, cette carte n'est jamais rentrée au château : elle est actuellement à l'hôtel de ville de Rambouillet où elle occupe tout un panneau de la salle des séances du Conseil municipal.

Le cabinet de bains de Napoléon Ier a conservé sa décoration impériale, assez maladroitement corrigée par les nettoyages de la Restauration; l'ancienne grande salle qui, aux XVIIe et XVIIIe siècles et jusqu'en 1820, formait, on croit pouvoir l'assurer, l'antichambre et le premier salon de l'appartement du Roi, est décorée de deux splendides tapisseries dont l'une surtout est particulièrement intéressante : elle représente, d'après les cartons d'Oudry, Louis XV, — très ressemblant, dit-on, — descendant de son « soufflet », petite voiture à une place au moyen de laquelle il se rendait sur le terrain de chasse; tandis qu'on le botte, il écoute le rapport que lui présente le Grand Veneur. Cette vaste salle est aujourd'hui la salle à manger du château; on la désigne, — à tort peut-être, — comme étant « la salle de l'abdication de Charles X »; c'était, en 1830, le grand salon de la duchesse d'Angoulême. Une autre désignation est certainement erronée; c'est celle attribuée par les guides au charmant cabinet de bains, tout en faïence de Delft, qu'on montre au rez-de-chaussée du château et qu'on nomme « la salle de bains de Marie-Antoinette ». Autant qu'on peut se débrouiller dans l'ancienne distribution des appartements, la Reine habitait l'aile de l'Est, démolie sous le Premier Empire; elle aurait dû, pour se baigner, soit descendre au jardin et faire le tour du château, soit traverser tous les appartements du Roi. Ce cabinet des faïences fut, très probablement, la salle de bains du comte et de la comtesse de Toulouse.

On est là au niveau des parterres qui sont agréablement fleuris durant les séjours du Président. Ce n'est pas, certes, une opulente décoration composée, comme à Trianon, sous Louis XIV, « de 1 900 000 pots de fleurs que l'on mettait en terre et dont on changeait l'arrangement deux fois par jour si on le souhaitait »; ce sont de modestes bégonias, de simples géraniums et quelques très belles pyramides de roses grimpantes, telles, peut-être, que le grand Roi n'en a jamais eu. Dans le jardin anglais du duc de Penthièvre, la chaumière des coquillages est toujours, à l'intérieur, dans l'état de dégradation qu'on a décrit plus haut. Quant à la Laiterie, la perle du parc, elle attire un grand nombre de visiteurs; mais le rocher qu'elle abrite est toujours veuf de la *Chevrière* de Julien; celle-ci est au Louvre et sa place, dans sa grotte natale, est occupée par la *Baigneuse* de Beauvallet qui n'est ni « à l'échelle », ni dans le style du joli temple. Cela date de 1816 : c'était alors du provisoire, et, depuis cent quatorze ans, ça dure encore! Ça durera toujours, à moins que quelque fonctionnaire, vraiment artiste, passe là et constate cette profanation. Il serait si facile de restituer sa beauté première à ce délicieux décor en y replaçant la statue pour laquelle il fut créé. Qu'on recueille au Louvre les marbres qui, dans nos jardins, sont exposés aux injures des passants ou du climat, rien de plus justifié; mais tout vestige du passé, lorsqu'il se trouve à l'abri des intempéries et des dégradations, doit rester à sa place, ou la reprendre, s'il en a été malencontreusement dépossédé. Tel est le principe adopté dans ses décisions par la Commission du Vieux Paris, — et c'est le bon.

Une femme d'humeur romanesque et d'imagination ardente se disait persuadée que les esprits des grands artistes ne se résignent pas à se séparer des belles choses qu'ils ont laissées sur terre et qu'ils reviennent, à certaines nuits, quand la foule des badauds s'est écoulée, errer autour des monuments, temples, tableaux ou statues, œuvres préférées de leur génie. On pense à cette jolie fable en visitant la Laiterie de Rambouillet : qui sait si le petit pâtre de Saint-Paulien n'avait pas reproduit là, pour charmer la reine de France, quelque scène réelle aperçue, alors que, tout enfant, il gardait les troupeaux dans la campagne? En cette œuvre se concrétait peut-être toute sa vie d'artiste, depuis les tâtonnements du début jusqu'à la maîtrise de l'âge mûr, et son âme en peine s'indigne de voir une intruse usurper la place de sa pastourelle qui, elle, dans une salle de musée, perdue parmi la cohue d'autres statues innombrables, languit loin de son rocher...

On peut en sourire; mais les dévots de la Laiterie, — il y en a, — n'auront de paix que lorsque la *Chevrière* de Pierre Julien aura regagné sa grotte sombre.

XVII

LA FORÊT, LA CHASSE

Elle n'est plus, la belle Forêt, telle qu'au temps où les druides coupaient sur les chênes le gui sacré ; elle conserve pourtant un vestige de cette époque : le dolmen de la Pierre-Ardoue, non loin de Saint-Léger. Longtemps après la conversion des habitants du pays au catholicisme, certains attardés rendaient encore un culte aux anciens dieux gaulois, proscrits par la nouvelle religion ; ils les croyaient « réfugiés dans les fûts des pins sylvestres » ; pour mettre fin à cette superstition, l'Église dut ordonner que tous les pins de la Forêt seraient abattus et qu'on n'en planterait pas d'autres. Cette interdiction fut respectée jusqu'à la Révolution et ses effets ne prirent fin qu'au XIXe siècle.

Il est admis que, aux époques primitives, la Forêt couvrait toute la région qui s'étend de Paris à Dreux, à Chartres et à Étampes; les Mérovingiens y poursuivaient à l'épieu l'urus et le bison; Charlemagne, dont l'équipage, assurent les savants, était « somptueux », y chassait à courre et en battue; et on montrait encore, en 1820, le vieux chêne au pied duquel le roi de Neustrie Carloman, attaquant un sanglier, fut blessé à mort par l'un de ses piqueux qui, visant l'animal, atteignit le prince et l'enferra.

Il est bien difficile de se représenter ce que devait être cette immense étendue de bois, longue, en tous sens, de vingt à vingt-cinq lieues, alors qu'aucun défrichement ne l'avait entamée. Quels pouvaient être les hommes assez résolus pour s'enfoncer au cœur de ces solitudes et s'y installer à demeure? Il paraît bien certain que les vastes cultures qui coupent maintenant le massif forestier, les villes et les villages qui s'y sont construits, ont tous pour origine une hutte de bûcherons; ces solitaires vivaient en anachorètes : un bout de jardin leur fournissait les légumes; leurs porcs s'engraissaient de glands; à mesure que les défrichements progressaient, d'autres pionniers venaient rejoindre les premiers : ainsi naquirent Saint-Léger, Poigny, Saint-Arnoult. Quand s'élevèrent les forteresses de Montfort, de Dourdan, de Rochefort, les abbayes de Clairfontaine, des Hautes-Bruyères et de Cernay, la Forêt était déjà praticable.

Pour connaître le passé d'une ville on a, comme repères, les dates de ses monuments, de ses églises, les traditions de ses habitants, le récit des événements dont elle a été le théâtre; mais comment écrire l'Histoire d'une forêt?

Les chartes nous enseignent bien que tel canton était l'apanage de tel seigneur, que tel autre appartenait à tel monastère; mais tout le reste est vague. La Forêt vit pourtant; elle a, comme les cités, ses légendes et ses drames; mais elle en garde le secret et ses annales restent mystérieuses; elle enveloppe de son ombre tout ce qui s'est passé sous ses voûtes et le peu qu'elle en laisse deviner ressemble à des contes de fées. Ainsi, près de l'étang d'Angennes, subsiste l'antique enceinte d'une grande abbaye; on peut suivre encore, sous la futaie envahissante, le contour des vieux murs, des profonds fossés qui la protégeaient : on voit même les restes d'une porte quasi monumentale. Dans le lointain des âges, au nombre des religieuses de ce couvent perdu dans le silence des grands bois, était une nonne d'une beauté saisissante dont le diable s'éprit et parvint à se faire aimer en prénant l'apparence d'un pieux ermite. Quand la malheureuse connut qu'elle s'était donnée au démon, elle mourut d'horreur et, depuis lors, son âme erre sans cesse autour de la clôture en ruines et ne retrouvera la paix qu'au jour où la chapelle du monastère sera rendue au culte. Cette fable est sans prétention à l'Histoire; mais combien elle est impressionnante quand on l'entend raconter à l'heure où le soir tombe, où la Forêt murmure et que l'on contemple ces bouts de murs verdis qui furent, il y a des centaines d'années, un saint asile, tout sonore du son des cloches et du chant des pieuses recluses.

Comme on aimerait savoir l'origine du nom de certains lieux dits, rappelant évidemment le souvenir de quelque fait oublié ou légendaire. D'où vient, — près d'Angennes encore, — l'appellation de *Plaine de la licorne* ? Qu'est-ce que pouvait être *le Hêtre ramoneur* qui désigne un carrefour de la Forêt : un arbre d'une essence, d'une configuration particulière? Et qu'est-il arrivé au pharmacien dont le *carrefour de l'apothicaire* évoque la mémoire? Pourquoi une route qui traverse les triages de Serqueuse porte-t-elle le nom des *Cuisines de Monseigneur* ? — Quel était ce Monseigneur? On ne le sait pas; de même qu'on ignore quel fut *le chevalier Quiqui*, parrain d'une autre route forestière. Quel mystère, quelle aventure romanesque ou tragique, — assassinat? suicide? — remémore *le carrefour de l'Inconnu* ? On est un peu mieux renseigné sur, Goron; il a, lui, un carrefour et une route : c'était un brigand fameux qui, à une époque imprécise, fut arrêté ou subit son supplice en cet endroit. Non loin de là est *le carrefour des voleurs*, et, du côté de Rochefort, *la Fosse aux larrons*, qui rappelaient, sans doute,. de belles histoires de brigands dont jadis frissonnèrent les bonnes gens. *Le carrefour de la Croix Pater*, le plus majestueux peut-être de la Forêt, se nommait, dans l'ancien temps, *carrefour du chêne Vaudion;* de temps immémorial, se trouvait là, sous les arbres, une vieille croix de bois; en 1827, Charles X fit élever la haute et belle croix de pierre qui, depuis cent trois ans, occupe le milieu de cette imposante étoile à laquelle convergent dix routes dont quelques-unes ont plus d'une lieue de longueur. Les dénominations de *la mare aux chouettes, la joute aux cerfs, la roche aux loups*, s'expliquent d'elles-mêmes; celle de *carrefour des calèches* pourrait bien être un rappel des chasses élégantes de Louis XV, alors que le Roi bien-aimé traînait à sa suite les trois sœurs de Nesles. Car la plupart de ces noms sont fort anciens : ainsi *le poteau des*

Trois seigneurs est le remplaçant d'une borne qui séparait la forêt des seigneurs de Rambouillet, des bois appartenant aux seigneurs de Poigny et de ceux des comtes de Rochefort; la route du *Pont à la dame* fut ainsi désignée en l'honneur de la comtesse Amicie de Montfort et celle des *deux Châteaux* formait la limite des deux châtellenies de Montfort et de Saint-Léger. Certaines appellations se sont modifiées, par corruption, au cours des siècles : par exemple la grande nappe d'eau qu'on nomme communément aujourd'hui *les Étangs de Hollande* est indiquée, sur la carte de 1708 conservée au pavillon présidentiel du Grand Parc, *Étangs de Pont-Royal* et *de Pouras;* en revanche l'endroit que nous nommons l'*Étang rompu* était, au temps du comte de Toulouse, l'*étang d'Orlandes.* C'est là, certainement, la première forme de la dénomination actuelle dont l'étymologie a suscité tant de commentaires.

La Forêt conserve aussi dans sa géographie le souvenir de bon nombre de personnages mêlés à son histoire : *Le Grand Veneur*, — c'est le comte de Toulouse; — *d'Youville*, page de la Vénerie puis commandant de la seconde meute, sous Louis XV; il était sonneur de trompe renommé; — *Bongard du Cambard*, capitaine des chasses du duc de Penthièvre; — *Brou*, inspecteur de la forêt, au temps de Louis XVI; il fut l'une des victimes de l'échafaud révolutionnaire; — *de Violaine*, inspecteur sous Napoléon III; il était parent d'Alexandre Dumas; — d'autres fonctionnaires des forêts, nos contemporains, *Fillon, Mersey, Leddet*, etc... Quant au carrefour *Antoine*, ne doit-il pas son nom au premier porte-arquebuse de Louis XV, Antoine de Bauterne, qui fut envoyé en

Gévaudan pour tuer la fameuse bête qui avait « mangé tant de monde » ?

La Forêt de Rambouillet a, de tout temps, été très giboyeuse : cerfs, chevreuils, biches, daims, renards y abondaient. On a vu que le Grand Dauphin, fils de Louis XIV, y chassait les loups. Ces fauves y étaient, il y a quelque cent ans, en nombre si considérable qu'on assure les avoir vus, lorsqu'ils devaient traverser un cours d'eau, « former une chaîne en se tenant par la queue avec les dents pour résister ainsi au courant et ne pas être séparés ». En pareille matière, on doit se méfier de la tendance à l'hyperbole, cas fréquent chez les chasseurs de tous les pays et de tous les temps. Plusieurs ont raconté avoir rencontré dans la Forêt des lièvres blancs ; un certain docteur Salomon Reiselin décrit même l'un de ces animaux : « Il avait deux corps, huit pattes et quatre oreilles » ; cette bête singulière était à double face : « Lorsque l'un de ses corps était fatigué, elle se retournait et courait avec l'autre, recouvrant par ce moyen une force toujours nouvelle. » Il est aussi question, au XVIIIe siècle, d'un cerf si vieux, qu'il pouvait être considéré comme le doyen de sa race. L'âge ne l'avait pas épargné et « son museau était entièrement blanc ». Louis XV l'avait souvent rencontré et l'avait respecté ; Louis XVI le tua et ordonna qu'on en fît la représentation en plâtre qu'il exposa dans sa chambre où toute la Cour vint admirer cette bête quasi centenaire.

Le service de la Vénerie royale comportait, dès Louis XIV, un monde de dignitaires, de fonctionnaires et d'employés : le Grand Veneur commandait à 16 lieutenants et sous-lieutenants, à 48 gentilshommes, à 100 valets de chiens ; il y avait en outre « 4 petits valets couchant avec les chiens », des fourriers, des piqueurs, des maréchaux ferrants, une compagnie de gardes à cheval, un aumônier, six trésoriers, un argentier, des médecins et des vétérinaires dont l'un portait le titre de « guérisseur de la rage ». Outre l'équipage du cerf, la Vénerie comprenait la Louveterie du Roi et le Vautrait, — du vieux mot français *vaultroys* dont on désignait les chiens dressés à chasser les sangliers et se *vautrant* comme eux dans la boue. Le Vautrait était placé sous les ordres du capitaine général des Toiles : ces toiles, tendues et mises bout à bout, occupaient une longueur d'une lieue et demie : on les utilisait, dans toutes les forêts de France, à enclore une enceinte où l'on poussait cerfs, biches, chevreuils, sangliers, destinés à repeupler les parcs du Roi. Huit lieutenants, 8 gentilshommes, 4 piqueurs, 6 valets de limiers, 8 gardes-lévriers, 6 valets de chiens, 20 archers, 16 gardes, un rhabilleur des toiles, 15 officiers et 40 chiens étaient attachés à cet important service.

La chasse au vol était négligée depuis Louis XIII ; mais la Grande Fauconnerie n'en restait pas moins nombreuse et tenait toujours ses gerfauts, ses autours et ses faucons prêts à chasser le milan, le héron, la corneille, la perdrix et le canard. Tous les ans, un chevalier de Malte apportait de son île à Louis XV, des faucons de choix envoyés en hommage au roi de France par le Grand Maître de l'Ordre. Lorsqu'un de ces rapaces capturait un milan noir, la tradition exigeait naguère que le Roi donnât au maître fauconnier son cheval et sa robe de chambre. Le « vol du cabinet » était indépendant de la Grande Fauconnerie : il avait dans ses attributions le vol pour pies et pour lièvres, et, quoique Louis XV fût peu amateur de cette vénerie spéciale, le vol du cabinet l'accompagnait dans ses voyages, même à l'armée, et, sur la route, volait le matin et le soir à la portière du carrosse royal, afin que Sa Majesté ne fût pas entièrement privée du plaisir de la chasse. Enfin on entretenait aussi un équipage de cormorans dressés à la pêche et dépendant du premier gentilhomme de la Chambre : en 1737 un sieur Sevin de la Faye portait le titre de « capitaine des cormorans du Roi »; mais cet équipage ne quittait pas Fontainebleau où il semble qu'on l'utilisa rarement.

Après les meutes du cerf, du loup et du sanglier, il faut citer encore celle des « chiens écossais chassant pour les plaisirs du Roi », et ne pas oublier le dignitaire au titre un peu risible qu'était « le capitaine des levrettes de la Chambre ». Ces bienheureuses bêtes avaient l'honneur de coucher dans les cabinets de Louis XIV et le service de la Bouche fournissait quotidiennement à chacune d'elles sept biscuits, sans parler des gimblettes et biscotins que, à son dessert, le grand Roi mettait dans sa poche à leur intention. Elles étaient ses compagnes préférées à la chasse, si bien dressées « qu'elles allaient toutes ensemble au même arrêt ». Le musée du Louvre conserve les portraits de quelques-unes de ces nobles chiennes et leurs noms ont été inscrits sur les tableaux par leur peintre Desportes; presque toutes étaient de robe blanche ou blanche tachetée de noir; elles s'appelaient : — *Bonne, Nonne, Ponne, Blonde, Mine, Tane, Zette...* mots brefs, facilitant l'appel et dont l'assonance rapide et sourde n'effarouchait pas le gibier. Pour les chiens de meute, au contraire, on combinait des appellations sonores, propres au hourvari : — *Gambado, Furibond, Fanfaroux, Capitaine, Tartelette, Floridor...* qui servaient à plusieurs générations : on voit sur un état de 1749 un *Florissant* qui n'était certainement pas le même qu'un *Florissant* peint par Desportes cinquante ans auparavant. Cette liste comprend un *Libéraux* qui étonne; — on n'employait guère ce mot-là au XVIIIe siècle; depuis lors il a fait son chemin... — et un *Berg-op-zoom*, né, probablement, deux ans auparavant, à l'époque du succès remporté par l'armée royale dans les Pays-Bas.

On imagine le branle-bas quand la Vénerie se mobilisait et le pittoresque des tableaux vivants dont ces déplacements animaient la Forêt. Louis XIV chassa peu en Rambouillet où il ne vint que sur la fin de sa vie; d'ailleurs, bien qu'il aimât fort à courre le cerf, depuis qu'il s'était cassé le bras en tombant de cheval à Fontainebleau, il suivait la chasse dans une de ces légères calèches à une place, dites *soufflets*, tirée par quatre petits chevaux « qu'il conduisait à toute bride avec une adresse et une justesse que n'avaient pas les meilleurs cochers. Ses postillons étaient des enfants de neuf à quinze ans ». Il faut noter encore que le Roi-Soleil était un sonneur de trompe des plus réputés. Son fils, le Grand Dauphin, ne se plaisait qu'à courir le loup; mais il apportait à cette chasse une véritable passion : levé à cinq heures du matin, il courait dix heures de suite, s'il le fallait, et rentrait à Versailles tard dans la nuit. Il détruisit tous les loups de la Forêt de Rambouillet et purgea de la présence de ces fauves les environs de Paris. Son équipage était splendide et c'est ce prince, semble-t-il, qui le premier imposa un costume spécial à ses compagnons de chasse : justaucorps de drap bleu, garni d'un large galon d'or, veste écarlate, chapeau brodé surmonté de plumes blanches, gants à franges d'or. Avec quelques modifications ce costume devint celui de la Vénerie royale et resta d'étiquette jusqu'en 1830.

On a mentionné plus haut quelques-uns des séjours de Louis XV à Rambouillet ; quoi qu'il y fût attiré surtout par le désir de se soustraire au cérémonial de sa Cour, il se trouvait là chez son Grand Veneur, et la chasse y était brillante : la meute célèbre du comte de Toulouse se composait de deux cents chiens, bêtes terribles qu'on appelait les *sans-quartier* « parce qu'elles chassaient tout ce qu'elles lançaient ». Pourtant la tradition rapporte que ces chiens prirent un jour le change sur une biche à peine âgée de huit jours ; la pauvre bête fut bientôt prise ; on la ramena vivante à Versailles et on l'éleva « dans le chenil royal où elle vécut durant plusieurs années ». On raconte aussi que, en 1771, les étangs dits de Hollande furent le théâtre d'un spectacle unique dans les fastes de la Vénerie ; trois équipages s'y rencontrèrent : — « celui du Roi qui chassait en Rambouillet ; celui du duc d'Orléans venant de la forêt de Dourdan et celui du prince de Condé, arrivant de Chantilly ». Les trois hallalis furent sonnés en même temps. Chantilly est à plus de vingt lieues de là : les chevaux, les cavaliers et les chiens devaient être bien fatigués...

Rien ne peut donner une idée des chasses de Louis XV mieux que les grandes tapisseries tendues dans la salle à manger du château de Rambouillet. On sait, par le duc de Luynes, qu'Oudry, l'auteur des cartons d'après lesquels ont été tissés ces merveilleux panneaux, s'appliquait à reproduire la ressemblance non seulement des gens mais des choses : celle de ces deux tapisseries qui représente un rendez-vous au Puits-du-Roi, en Compiègne, est surtout un document inappréciable. Elle comptait, comme celle qui lui fait pendant, au nombre des neuf pièces d'une série commandée en 1734 et terminée en 1745. Elle date de 1736, époque où commence la faveur de madame de Mailly; les dames qu'amène une calèche et qui apparaissent dans un lointain discret pourraient bien figurer les sœurs de Nesles. Le Grand Veneur, qui présente au Roi le rapport, est le comte de Toulouse. Cette tapisserie offre d'autres portraits : le prince Charles de Lorraine, le premier écuyer, M. de Beringhen; on y reconnaît, dit-on, à sa grosse trompe, M. de Dampierre, commandant de l'équipage des *chiens verts* : on désignait ainsi, en raison de la couleur des costumes portés par ses piqueurs, une meute spécialement dressée à courre le daim. Dampierre avait sous ses ordres Lebel, ex-concierge du château de Versailles et premier valet de chambre du Roi; ce Lebel allait acquérir, dans les dernières années du règne, une réputation peu enviable, non point comme veneur... C'est lui qui, — à l'instigation de madame de Pompadour désespérant de retenir son inamusable amant, — aurait fait la chasse aux jolies fillettes qu'il chargeait de distraire le Roi, bientôt sexagénaire. Qui sait si cet énigmatique Lebel n'est pas, à titre de lieutenant des chiens verts, représenté dans la tapisserie d'Oudry; ainsi que d'autres, tels que M. de Sourcy, qui commandait l'équipage,

MM. d'Yauville, de Girval, de Chastellux, gentilshommes de la Vénerie, et Courdoumer, le fidèle domestique de la Chambre, honoré de l'emploi de « porte-malle »; ses fonctions consistaient à suivre le Roi à la chasse, en portant toujours en croupe les bottes, le déshabillé et un habit de rechange pour Sa Majesté. Louis XV, en effet, ne chaussait ses bottes qu'au moment de monter à cheval, au lieu même fixé pour le rendez-vous qu'il gagnait dans son *soufflet*. A certains carrefours se trouvait une table de pierre sur laquelle il montait ou posait le pied et «qui servait également à le déchausser »; c'étaient les « tables du débotté ». A l'un des carrefours voisins des étangs de Saint-Hubert, — au carrefour de Serqueuse, si on ne fait erreur, — se voient encore dans l'herbe les débris d'une grande table de pierre, brisée depuis bien longtemps : c'est peut-être une table du débotté; serait-il bien coûteux de la relever et de conserver ce rare vestige d'un passé si lointain?

Le Dauphin, fils de Louis XV, seul de tous les Bourbons, n'aimait pas la chasse; s'il la suivait c'était par complaisance et non sans ennui. Mais son fils, qui fut Louis XVI, manifesta, dès l'enfance, pour ce noble sport une passion singulière : on a beaucoup épilogué, non sans ironie, sur le journal que le Roi tenait soigneusement et où il notait les événements qu'il jugeait marquants : RIEN est un mot qui y revient à chaque page : ce *Rien* signifie *Pas de chasse*. En revanche tous les déplacements de la Vénerie sont mentionnés. De 1775 à la fin de 1789, Louis XVI a tué, — il en fit le compte, — 189 251 pièces de gibier et pris 1 274 cerfs. A partir de 1784, Rambouillet revient fréquemment dans son journal : on peut l'y suivre à date fixe, connaître dans quelle partie de la Forêt il a chassé, où il a dîné et soupé, le prix du repas : « Le dîner, les jours de chasse, coûte 121 livres, 4 sols, 6 deniers, au lieu de 163 livres, 7 sols, 10 deniers, les jours où on ne chasse pas. » Il note, en juillet 1785 : « L'augmentation sur la dépense de la Bouche et de l'office, à Rambouillet, a été causée par la nécessité d'acheter presque toutes les provisions et par l'élévation des prix de toutes les denrées ; les deux voyages de la Reine ont exigé plus de recherche et d'abondance dans le service. » Mais là où se révèle l'esprit minutieux et ordonné du Roi, c'est dans les carnets et les feuillets joints à son journal, sur lesquels il consigne, avec un soin de bon expéditionnaire, les noms de ses piqueurs, de ses gardes, de ses chevaux, de ses chiens et, sur le rapport de ses valets de limiers, le nombre de cerfs relevé dans chacun des cantons de la Forêt :

Au Planet, 9 cerfs, 3 dix cors. — A Pecqueuse, 7 cerfs, 3 dix cors. — A la Charmoie, 9 cerfs, 2 dix cors. — Aux Buttes de Vendôme, 9 cerfs, 3 dix cors.

Sur des petits bouts de papier, il rédige, d'une écriture fine, tassée, difficile à déchiffrer, le procès-verbal détaillé de certains laisser-courre ; il dresse des tableaux de tous les points de la Forêt où il a attaqué, de ceux où il a pris l'animal, et il trace pour chaque année une colonne spéciale. Il comptait poursuivre ce travail et espérait chasser longtemps, car ce tableau est établi pour 36 ans... la dernière colonne est réservée à l'année 1806! — Voici la nomenclature des 83 étangs ou mares de la Forêt où le cerf peut prendre l'eau ; — l'indication, en toises, de la distance qui sépare Versailles de tous les rendez-vous de chasse du domaine royal. — Une huitaine de pages paraissent être le début d'un *Traité des relais* :

Placement des relais : — Comme c'est une chose très importante pour la chasse de bien donner un relais, souvent toute la chasse en dépendant, il est nécessaire que les relais soient bien placés. C'est au commandant à en donner l'ordre et il faut pour cela qu'il connaisse bien le pays et la refuite ordinaire des animaux... Il faut placer la vieille meute de manière qu'elle puisse être donnée d'assez bonne heure pour conduire les chiens de meute, mais pas trop tôt, parce qu'elle ne pourrait pas résister à leur fougue et ce serait une queue de chiens...

On retrouve dans le portefeuille de Louis XVI plus de 500 feuillets couverts de considérations similaires : on y apprend comment les gardes font leur rapport; comment on déharde; si c'est le premier, ou le deuxième, ou le troisième relais qui a « donné », et, dans le cas où le cerf « bat l'eau », « combien de temps il y est resté, de quel côté il en est sorti et s'il a tourné à droite ou à gauche ». Enfin, l'animal pris et tué est soigneusement décrit : le Roi note s'il est « jeune ou vieux, faible ou fort, sain ou blessé, beau ou laid; s'il a quelque difformité ou la venaison mauvaise ».

En dépit de cette compétence indiscutable, les chasses de Louis XVI n'avaient point, à en juger par certains récits, l'imposante élégance de celles de son prédécesseur. Louis XVI était sans façons, de manières lourdes et ne se piquait d'aucun souci d'imposer. Il était habile cavalier, et, malgré son embonpoint, avait bonne mine sur l'*Escargot* ou sur le *Distingué*, qui semblent être, vers la fin, ses chevaux préférés; mais, à pied, il était sans grâce et tirait avec moins de prudence que de désir de grossir son « tableau ». Il eut le malheur de tuer, au cours d'une chasse à Fontainebleau, l'un de ses officiers de Vénerie; « on cacha cet accident pour ménager la sensibilité de Sa Majesté ». Et puis, il aimait les facéties un peu grosses : un jour, dans la Forêt de Rambouillet, le cerf chassé prit l'eau et se noya; parmi la foule qui se pressait au bord de l'étang, suivant des yeux cette péripétie émouvante, était un jeune garçon de quinze ans, facteur de campagne, et portant en bandoulière sa petite boîte aux lettres, marquée d'une fleur de lis. Louis XVI, qui était descendu de cheval et se mêlait aux curieux, « ignorant l'usage de cette boîte, passe derrière l'enfant, la lui enlève légèrement et la jette dans l'eau ». Le petit facteur pousse un cri, fond en larmes, se voit déjà privé de son pauvre gagne-pain; le Roi s'informe du sujet de sa douleur, fait aussitôt repêcher la boîte et donne à l'enfant un écu de six livres en manière de consolation. Pendant cette scène, un paysan, les bras croisés, s'amusait aussi à regarder le cerf qu'on tirait de l'étang. « Que ne prêtes-tu la main? » lui dit Louis XVI. L'homme se mit à aider les piqueurs; comme sa maladresse les embarrassait, le Roi lui décocha un grand coup de pied dans le derrière : « Sire, fit le paysan, je vous remercie de la gratification. » Ce mot lui valut un louis.

Louis XVI devait trouver bientôt tout le temps de méditer la leçon prophétique de Bossuet, menaçant de redoutables revanches du destin « ces princes qui, négligeant de connaître leurs affaires et leurs armées, ne travaillent qu'à la chasse... » En 1789, on l'a vu, il ne vint pas à Rambouillet; il chassait, pourtant, et, jusqu'en octobre de cette année fatidique, il courut encore le cerf ou le daim, sans s'éloigner; — à Port-Royal, à Marly, à Fausses-Reposes. Le jour où la population parisienne vint assiéger le château de Versailles, il tirait à la porte de Châtillon, dans la forêt de Meudon, et avait déjà abattu 81 pièces, quand un page, M. de Lastours, accourut l'avertir du danger qui menaçait la Reine et ses enfants. Le Roi, sans attendre sa voiture, se lança, bride abattue, « descendit au galop une des pentes les plus roides du bois de Meudon; il partit à une telle allure parmi la cohue des mégères parisiennes qui encombraient l'avenue de Versailles, qu'elles le laissèrent passer et retinrent seulement le page qui le suivait ».

Désormais, c'est à Paris qu'est confiné le Roi; il ne chasse plus : le mot *Rien* revient presque chaque jour dans son carnet. *Rien* en novembre; en décembre *Rien* non plus. Mais il se tient au courant des exploits de son équipage; ainsi s'expliquent les notes que, le cœur gros de regrets, il consigne dans son Journal : « 28 décembre 1789, le cerf chassait à Poigny. — 4 février 1790, le cerf chassait à Gambaiseuil. » Seraient-ce là des anniversaires de chasses d'antan qu'il tient à commémorer, ou, plus probablement, pour entretenir la meute, a-t-il ordonné que l'on courre sans lui? On constate, d'ailleurs, qu'il échappe assez souvent à sa captivité déguisée : certes, sont fréquentes les mélancoliques mentions « promenades dans le jardin des Tuileries » ou « promenade dans la galerie » — « dans les appartements »; mais, même en 1792, le Roi monte encore à cheval et sort de Paris; il va vers ses bois du Butard, de Meudon, des Gonards; il pousse même un jour, — le 8 mai 1792, — jusqu'à Porchefontaine, à quelque cent toises des faubourgs de Versailles, et, de là, il peut apercevoir le château, au bout de la solennelle avenue... C'est la dernière fois qu'il le verra. Tout reclus qu'il soit, il s'intéresse encore à la chasse, et Brou, l'inspecteur de la Forêt de Rambouillet, lui fait savoir que le gibier y abonde : on y constate la présence de 115 cerfs, dont 40 dix cors, de 140 biches et de 60 daims. Quelle tentation ! Il y a des jours où Louis XVI n'y peut résister : malgré la surveillance qui le harcèle, ses fidèles lui font la surprise de lui amener, dans les bois, quelques chiens, et, le soir, il peut écrire dans son mémento : « Promenade à cheval, au Butard, avec les bassets. Tué une biche. » Une autre fois : « Promenade à cheval. Tué trois faisans. »

Et puis, c'est le 10 Août ; et puis, c'est la Tour du Temple : là, dans sa petite chambre longue de six pas, lorsque, seul, alourdi par l'inaction, il rêve au coin de son feu, combien de fois sa pensée a dû se reporter vers le temps, si proche, où son lever, son coucher, son débotté, ses repas mettaient en mouvement des foules empressées. Résigné au pire, comment jugeait-il ces futilités du cérémonial auxquelles avaient été si longtemps astreints ses moindres actes ? Sans doute n'en regrettait-il rien ; mais certainement, le cœur bien gros, il devait songer à son cher Rambouillet, tant désiré et dont il avait si peu joui, à la liberté, au grand air, aux galopades dans les bonnes odeurs de l'automne, aux hallalis triomphants. Et si, dans ses heures d'illusion, il se laissait aller à arranger l'avenir, peut-être n'envisageait-il rien de plus désirable qu'une petite maison où il pourrait vivre, avec sa femme et ses enfants, à proximité des bois et assez fortuné pour posséder encore un cheval, un fusil et un chien.

C'est un fait reconnu qu'on ne s'improvise pas veneur; il y faut un long atavisme; à ce point de vue Louis XVI apparaît comme l'apogée d'une race de princes qui eurent, — ainsi que disent les initiés, — « la chasse dans le sang ». Bien que Napoléon, après son mariage avec la fille des Habsbourg, parlât quelquefois de « son pauvre oncle Louis XVI... », il eut le bon goût de ne pas affecter une passion royale pour cette science à laquelle il n'entendait rien. Il rétablit la Vénerie parce que c'était un luxe; mais il s'y intéressa peu. La Forêt de Rambouillet lui dut cependant plusieurs pavillons de chasse; il en fit élever deux, de forme circulaire, à l'étang de la Tour; l'un était le pavillon impérial; l'autre servait au rendez-vous des invités. A l'étang de Pouras, dans l'axe même de ce qui avait été le château royal de Saint-Hubert, mais sur la rive sud, l'Empereur ordonna de construire un petit pavillon qui comportait une antichambre, un grand salon, une garde-robe et « le cabinet de Sa Majesté »; cette dernière pièce était meublée de deux grands canapés, de quatre fauteuils et d'autant de chaises, le tout garni en lampas gris et blanc. Il ne reste aujourd'hui, de cet édifice, qu'un portique en ruines, béant parmi les broussailles.

Louis XVIII avait peut-être hérité de la passion de ses ancêtres pour la chasse à courre, mais, lorsqu'il fut roi, ses moyens physiques lui en interdisaient la pratique; jamais ses sujets ne le virent à cheval. Charles X et ses deux fils, le duc d'Angoulême et le duc de Berri, ravivèrent la tradition royale. Pour eux furent établis, dans le grand parc de Rambouillet, les tirés encore existants : ces tirés consistent en un taillis d'un mètre de hauteur qui sert de remise au gibier; on y entretient des « layons », c'est-à-dire « des sentiers destinés à permettre la marche des tireurs ». A l'origine, trois layons seulement étaient de règle : pour le Roi et les deux princes, car, d'après le vieil usage de la Cour de Versailles, le Roi invitait parfois quelques privilégiés à ses battues, maix ceux-ci devaient se contenter de le regarder. Rarement, par grande faveur, à la fin de leur chasse, Louis XIV et Louis XV autorisaient un courtisan favori à tirer quelques coups de pistolet; mais c'était exceptionnel. Depuis lors les chefs d'État sont devenus plus accueillants : les layons, dans les tirés de Rambouillet, sont aujourd'hui au nombre de neuf; leur longueur totale est de onze kilomètres.

Louis-Philippe n'étant qu'usufruitier du parc et de la Forêt de Rambouillet, le droit de chasse en fut affermé à divers particuliers. Cette situation suscita des mécontentements : les habitants regrettaient de n'avoir plus pour hôte le souverain, et plus encore la Vénerie royale dont vivaient nombre de travailleurs. Il y eut en 1832 un semblant d'émeute — qui le croirait? Quelques gendarmes, l'éloquence du procureur du Roi et l'arrivée d'une garnison suffirent à calmer les esprits; mais, vingt ans plus tard, la satisfaction fut unanime quand, en 1852, le domaine fut attribué à la liste civile de l'Empereur. La plupart des adjudicataires s'empressèrent de céder gracieusement à Napoléon III leur droit de chasse; quelques-uns seulement protestèrent, excipant de la validité de leurs baux. La Forêt était alors louée à une société dont les membres portaient des noms fameux : le prince de Ligne, le duc d'Ayen, le marquis de Noailles, le duc de Plaisance, le comte Jules de L'Aigle, le comte de la Rochefoucauld, etc... Cet aristocratique équipage voulut finir en beauté et Diane, la déesse qui préside aux exploits cynégétiques, leur fut propice. De la Rue, l'inspecteur des chasses de la Couronne impériale, a consigné dans ses *Souvenirs* les péripéties de cette randonnée mémorable. C'était le 14 mars 1853 : attaqué au Parc d'en bas, près de Saint-Léger, l'animal, — un cerf à sa troisième tête, fort haut sur jambes, assez long de corsage, — passe à l'Étang Poulin, aux Étangs de Hollande, à la Croix de Vilpert où une foule de curieux attendait la chasse; il débuche aux Basses Masures, rentre dans Biennouvienne, touche aux Tailles d'Épernon, au Petit Étang Neuf, prend l'eau à celui de Guipéreux, remonte aux Buttes de Vendôme, se lance dans la plaine de Souvigny, traverse les bois de la Boissière, le village de Mittainville, la rivière d'Eure, et, à trois heures trois quarts, tient tête aux chiens dans la rue du village de Bréchant, à une lieue au delà de Nogent-le-Roi. « Qu'on se figure, au milieu de ce petit village, le cerf, la tête perdue, entrant dans toutes les maisons qu'il trouve ouvertes, suivi de quatre-vingts chiens, montant les escaliers, sautant des toits dans les jardins », au bruit des cris, des abois et des fanfares sonnant l'hallali. « Il n'y eut pas que le cerf de forcé; deux chevaux tombèrent morts à côté de lui... »

A neuf heures du soir on rentrait à Rambouillet et on soupait à l'Hôtel du Lion d'or. « L'un des convives, au dessert, rappela les charitables traditions de l'ancienne

Vénerie ; le duc de Plaisance, la cape à la main, fit le tour de la table », et la collecte produisit mille francs que l'on partagea entre les pauvres du Curé et le Bureau de bienfaisance.

Les chasses de Napoléon III furent brillantes ; mais seuls Compiègne et Fontainebleau restèrent, durant tout le règne, en faveur. Rambouillet vit pourtant un tiré de canards qui a marqué, comme *fiasco*, dans les Annales de la Vénerie. L'inspecteur des chasses reçut la mission d'aller querir deux cents canards sauvages dans les marais de la Somme et de ramener d'Abbeville un garde assez expérimenté pour éduquer ce gibier qu'on désirait propager ; l'idée était du baron de Lage, lieutenant des chasses à tir. Les deux cents volatiles prirent donc possession des canaux de Rambouillet et un brave homme, nommé Dissous, consentit à quitter la Picardie pour entrer dans la Vénerie impériale afin de parfaire leur « dressage ». Les pontes et les éclosions réussirent à souhait : à la saison suivante cinq ou six cents canards prenaient leurs ébats sur les canaux et venaient tous les jours à l'agrainage sur l'appel de Dissous qui les avait élevés. Le baron de Lage était triomphant. Il prévint l'Empereur qu'une chasse des plus intéressantes l'attendait à Rambouillet : au jour fixé, Napoléon III et ses invités montèrent dans des bateaux rangés en ligne, la barque impériale au centre. Toute la flottille s'avança en bon ordre sur les canards qui, la laissant approcher, ne paraissaient nullement disposés à s'envoler. Or on sait que tirer un gibier de ce genre autrement qu'au vol constitue, pour un chasseur, une faute qui suffirait à le disqualifier. — L'Empereur tira « et toute la bande, une véritable nuée, s'enleva avec un étourdissant bruit d'ailes; les chasseurs firent feu dans le tas; une trentaine de canards tombèrent et le gros de la troupe alla se reposer un peu plus loin. A l'approche des barques, instruits par l'exemple de leurs malheureux congénères, ils se gardèrent de quitter l'eau, se divisèrent en plusieurs bandes pour passer entre les bateaux et s'en allèrent en nageant jusqu'à la rive où Dissous avait l'habitude de leur donner à manger ». Le « four » était complet : l'Empereur, tordant sa moustache, conseilla au baron de Lage de poursuivre l'éducation de ses élèves; ils nageaient bien; il fallait maintenant leur apprendre à voler... Dissous les avait si bien soignés qu'ils étaient devenus des canards domestiques. Ce malheureux garde fut, quelques années plus tard, assassiné par un braconnier et ce sont, bien probablement, les descendants de ses élèves qui peuplent aujourd'hui les canaux de Rambouillet.

La chasse à courre de tout le massif forestier de Rambouillet appartient depuis une cinquantaine d'années à madame la duchesse d'Uzès. Son équipage y chasse, trois fois par quinzaine, depuis le début d'octobre jusqu'à la fin d'avril, et, ces jours-là, toute la Forêt s'éveille comme aux jours lointains du comte de Toulouse et de Louis XV.

Pour qui se plaît à évoquer le passé, rien n'est plus saisissant, plus émouvant même, que ces pittoresques réunions. Le rendez-vous a lieu dans la cour d'une maison de garde ou sous les arbres d'un de ces carrefours aux vieux noms qui, depuis la fin du XVIIe siècle, ont tant de fois vu pareilles assemblées. Les chiens de meute, hardés, sont à l'écart, groupe frétillant, bayant d'impatience, contenu par les piqueurs haut guêtrés, le fouet en main, la trompe en sautoir. Des palefreniers promènent les chevaux et, des allées de la Forêt, débouchent les voitures amenant les veneurs. La tenue de l'équipage est rouge écarlate, culottes courtes, bas blancs, hautes bottes, le cor à l'épaule; les hommes sont coiffés de la cape enfoncée jusqu'aux sourcils; les chasseuses portent le tricorne. Les habitués s'abordent, se renseignent, échangent des pronostics et, quand arrive la Duchesse, — vêtue de noir, la dague de maître d'équipage au côté, — tout de suite c'est le « rapport » : — dans telle enceinte on a connaissance d'un animal, « dix cors, ou quatrième ou troisième tête », dont on a relevé les foulures dès la veille ou au point du jour. Le lieu de l'attaque est ainsi désigné, parfois assez éloigné du rendez-vous : on part, sans se presser, en groupes, cavaliers, amazones, voitures, piétons, la meute en tête : une demi-heure environ de marche sous bois; puis on fait halte : on est arrivé dans les parages des fourrés où le cerf a sa « chambre ». Attente, autant que possible, silencieuse; quelques chiens, les meilleurs, les « chefs de meute », sont déhardés, mis sur les brisées et s'enfoncent, la queue haute, dans les broussailles. Nouvelle attente : on se tait, on tend l'oreille et, tout à coup, les abois éclatent, le cerf est lancé : une sonnerie de trompe; c'est *la vue;* des cris *Taïaut! Taïaut!..* et tout de suite la chasse bat son plein.

Il serait illusoire d'en essayer un récit : c'est une tâche qu'un profane ne doit pas tenter sous peine d'égaler le ridicule du *Fâcheux* de Molière; encore Dorante connaît-il à fond ce vocabulaire des veneurs dont les termes fleurent bon le moyen âge et sans l'emploi desquels la relation d'une chasse serait d'une impardonnable platitude. Mais il est permis, même à un ignorant, de rapporter ses impressions; elles sont intenses, mais difficilement analysables. Pourquoi, dès la première fois, est-on captivé par un tel spectacle? — Atavisme? — Mystérieuse affinité avec de lointains ancêtres? On voit des paysans, des bûcherons de la Forêt, même des ouvriers de la ville, quitter tout un jour leur travail pour suivre la chasse, courant à travers bois, avides d'apercevoir le cerf, d'être les premiers à l'hallali : qui sait s'ils n'obéissent pas inconsciemment à un instinct transmis, à travers quatre ou cinq générations, par quelque trisaïeul qui fut garde-lévriers ou piqueux dans la Vénerie royale? — « Le passé, a dit un de nos contemporains, le passé n'est pas chose morte; il vit réellement; il détermine la plupart de nos actes; il agit énergiquement sur notre caractère... » Voilà pourquoi la vision d'une chasse à courre remue et exalte en nous un sentiment profond : c'est une évasion subite hors du présent; un bond dans l'autrefois de la France traditionnelle et séculaire. Ce qui ressuscite sous nos yeux, ce sont les scènes qu'ont si souvent peintes les Parrocel, les Oudry, les Vanloo; les mots qu'on entend datent de trois ou quatre siècles; les appels de trompe sont les mêmes qui guidaient Louis XIV sur la piste du cerf, et le décor de cette Forêt qui, si vieille, n'a pourtant point d'âge, est toujours semblable à ce qu'il était du temps des Grands Veneurs du Roi, avec ses trouées sur des lointains bleus, ses pénétrantes odeurs de mousses humides et de feuilles mortes.

La chasse est loin. — Où ? — On ne sait pas. Plus un aboi, plus un écho de cor. On va de carrefour en carrefour, hésitant ; on flâne ; on a le temps ; tout est silence et solitude. Et, soudain, surgit d'un taillis un cavalier, puis deux, puis dix, puis la meute éparse, quêtant, le nez à terre dans les fougères rousses, sautant les palis ; et voici les veneurs, les amazones, les voitures, la sonnerie du *Bien-aller*, les cris *Haut à haut!* qui excitent les chiens ; tout passe en tourbillon, s'éloigne dans les interminables routes ; et, en queue, vient le *darboulin*, au petit trot de sa haridelle. Le darboulin est la charrette qui, après la curée, ramènera au chenil la nappe (la peau) du cerf. On voyait souvent à Versailles, sous Louis XV, un gentilhomme que le Roi avait pris en affection : ce courtisan, aimable et spirituel causeur, était l'un des quatre secrétaires du cabinet. L'âge venant, il fut atteint de violents accès de goutte. A peine guéri d'une de ces crises, il faisait visite à madame de Pompadour chez qui se trouvait le Roi. Celui-ci s'intéresse au régime du malade qui boite encore et dont les deux orteils sont restés très sensibles. Louis XV compatit ; mais, se tournant, il pose ses deux talons sur les pieds du malheureux et, appuyant de tout son poids, il lui demande en riant « si c'est là qu'il a mal... » Le goutteux faillit s'évanouir de douleur et ne consentit jamais à reparaître à Versailles ; il s'appelait Darboulin et avait agrémenté ce nom, d'assonance roturière, de celui, plus relevé, de Richebourg. Ce Darboulin serait-il le parrain de la voiture de service qui n'entre en scène qu'après la mort du cerf ? — En fut-il

« l'inventeur », ou, plus probablement, la lenteur de ce podagre à suivre les chasses, le fait qu'on ne l'y voyait qu'au dénouement, auraient-ils inspiré à quelque loustic une assimilation désobligeante entre le modeste véhicule et le veneur goutteux qui ne paraissait qu'à l'hallali...?

L'*hallali!* C'est la sonnerie finale dont le rythme triomphal semble griser, malgré les fatigues, gens, chevaux et chiens. Répété par toutes les trompes qui, bientôt après, sonnent *la mort du cerf*, elle rassemble en un instant, autour de l'animal forcé, la cohue des veneurs et des curieux. La meute est là, langues pendantes et flancs battants. Tandis qu'on dépouille le cerf, les cantines s'ouvrent, des pique-niques s'organisent sur l'herbe des talus; le soir tombe : c'est la belle heure de la Forêt, celle où elle se fait majestueuse. Un appel de trompe annonce la curée : si l'animal est un dix cors, on sonne *la Royale,* composée, dit-on, par Louis XV. Les chiens, avides, sont maintenus en respect par le fouet dressé du chef d'équipage; puis on sonne l'*hallali sur pied* — ensuite c'est la solennelle fanfare de l'*hallali par terre.* Enfin, tandis qu'un piqueux, ayant le cerf entre les jambes, en balance la tête qu'il tient par les bois, « comme pour simuler un animal vivant », le fouet du chef s'abaisse, la meute furieuse s'élance...

Le marquis de Dangeau, dans son *Journal,* décrit une curée de 1714, à Rambouillet, la plus belle de toutes celles auxquelles il assista; dans son *Traité* de chasse, d'Yauville, commandant de la Vénerie, sous Louis XV, en détaille minutieusement le cérémonial; il faut lire ces deux auteurs; depuis eux, rien n'a changé; ils sont rares les faits de notre époque auxquels peut s'appliquer exactement un reportage écrit il y a 250 ans. Et c'est aux portes de Paris, toujours épris de changement et de nouveauté, que subsistent ces traditions séculaires : à garder si dévotement l'empreinte des âges, ce délicieux pays d'Ile-de-France gagne le meilleur de ses attraits; l'Yveline paraît particulièrement protégée contre la vulgarité envahissante : Montfort-l'Amaury, par exemple, est resté breton de cœur et fête tous les ans sa bonne châtelaine, la duchesse Anne. Ce respect du passé, cette pérennité des anciens usages, cette Forêt hantée de tant de souvenirs, ces chasses de la Duchesse, cet antique château de Rambouillet, chargé de six cents ans de galante ou de tragique histoire, composent une sorte de symphonie dont les motifs semblent être l'écho de la vieille chanson des siècles.

PRINCIPALES RÉFÉRENCES

Généralités. — On doit, tout d'abord, rendre hommage à M. F. Lorin qui, en un grand nombre de volumes, de plaquettes et d'articles, a publié, sur Rambouillet et son arrondissement, le résultat de ses longues recherches : il a, pour ainsi dire, épuisé le sujet et il est impossible de le traiter après lui sans suivre ses traces. Qu'il veuille bien trouver ici l'amicale assurance de ma gratitude et de mon admiration pour son œuvre opulente.

On a consulté également, dans les *Petites Monographies des grands édifices de la France*, le volume que M. Henri Longnon a consacré au *Château de Rambouillet* (Henri Laurens, éditeur), les ouvrages de Moutié et de Maillart, ainsi que celui que Delandine de Saint-Esprit, conservateur de la bibliothèque privée du Roi au château de Rambouillet, a intitulé *Le luxe des palais et la richesse des champs de Rambouillet et ses dépendances*, Paris 1823. Au nombre des ouvrages locaux, il faut citer aussi *Rambouillet devenu chef-lieu d'arrondissement, documents historiques et d'administration...*, par J.-S. Delorme, ancien maire, Paris 1839.

Pour le temps des *Précieuses* et de l'*Hôtel de Rambouillet*, on doit beaucoup à M. Émile Magne, particulièrement à son précieux volume sur *Voiture et l'Hôtel de Rambouillet*, et au livre de M. Mongrédien, *Le XVIIe siècle galant, Libertins et amoureuses.* Sur *Louis XIV* et le comte de Toulouse, on a suivi Dangeau et Saint-Simon; en ce qui concerne Louis XV et ses visites à Rambouillet, les *Mémoires* du duc de Luynes, si minutieux et si précis, et le *Louis XV* de Claude de Saint-André. C'est au livre de M. Humbert de Gallier sur *les Mœurs et la Vie privée d'autrefois* que l'on doit la piquante anecdote du mariage du *comte d'Angiviller.*

Dès que Louis XVI est propriétaire de Rambouillet, devenu par le fait *résidence royale,* on a, comme sources, — inépuisables, — les Archives de l'État. Le carton O¹ 3443 et le registre O¹ 3444, fournissent, entre autres, sur les travaux entrepris à cette époque et sur le mobilier du château, plus de renseignements qu'on en peut désirer. La *Vie de Pierre Julien, sculpteur,* et sa participation à la décoration de la Laiterie, ont été étudiées par M. l'abbé André Pascal, élève diplômé de l'École du Louvre. Son remarquable travail sur ce grand artiste est du plus haut intérêt.

Les séjours de l'*Empereur,* relevés dans l'indispensable *Itinéraire de Napoléon* publié par M. Schuermans, ont donné lieu à une abondante correspondance officielle et à de nombreux mémoires de fournisseurs, conservés aux Archives nationales O² 320 à 321-510-519-729, etc. Frédéric Masson, dans *Joséphine, impératrice et reine,* consacre quelques pages aux réceptions à Rambouillet et, dans *l'Impératrice Marie-Louise,* quelques pages encore au séjour de la souveraine déchue; sur les événements de 1814 et de 1815 on a consulté Stenger, *le Retour des Bourbons, le Retour de l'Empereur,* les *Mémoires de la reine Hortense* publiés par le prince Napoléon avec des notes de M. Jean Hanoteau; les *Mémoires du duc de Rovigo* et les *Souvenirs du Mameluk Ali sur l'Empereur Napoléon* avec des notes de M. G. Michaut, professeur à la Sorbonne.

L'histoire de Rambouillet sous *la Restauration* est toute aux Archives, dans les cartons O³ 189-1184, 1208 et 1209-2061, etc., et dans le registre O³ 62*. Les détails sur les Journées de 1830 abondent dans les *Mémoires* du comte de Montbel, la *Chronique de 1830* par M. L. Rozet, l'*Histoire de dix ans* de Louis Blanc, le *Charles X* de M. Lucas-Dubreton, les *Souvenirs de Joseph de la Villatte*, les *Mémoires de madame de Gontaut*, etc., etc.

Enfin sur *la Forêt et la Chasse*, on est largement renseigné par les ouvrages si consciencieusement documentés de M. A. Granger : *Chroniques d'Yveline et de Hurepoix*, — *Vieux papiers d'Yveline*, etc., les *Mémoires* du duc de Luynes, le *Château de Versailles* de Dussieux, tome II, *la Vénerie*, *la Correspondance secrète*, publiée par Lescure, le *Journal de Louis XVI* par Nicolardot et surtout par les carnets originaux du Roi conservés au Musée des Archives nationales et dont la cote est A.E^{II} 1281.

Les archives de l'Inspection des Forêts, à Rambouillet, et celles, riches en plans, de M. Poncet, l'architecte du château, m'ont été libéralement ouvertes.

TABLE DES MATIÈRES

IV

FREDAINES ROYALES

V

LE PRINCE DES PAUVRES

VI

L'ANGE GABRIEL

VII

RÉSIDENCE ROYALE

VIII

L'OURAGAN

IX

L'EMPEREUR

Pages.

X

NETTOYAGE

XI

L'AIGLE ABATTU

XII

LES PRUSSIENS

XIII

LE PASSÉ RENAIT

XIV

LES LIS FAUCHÉS

XV

L'ARMÉE PARISIENNE

XVI

DEPUIS 1830

XVII

LA FORÊT, LA CHASSE

14043-30. — Coulommiers. Imp. PAUL BRODARD. — 1812-6-30.

www.ingramcontent.com/pod-product-compliance
Ingram Content Group UK Ltd.
Pitfield, Milton Keynes, MK11 3LW, UK
UKHW022009170726
13837UKWH00001B/78